아이와 엄마가
함께 행복해지는

감탄
육아

아이와 엄마가
함께 행복해지는

감탄 육아

이유정 지음

더메이커

프롤로그

'소중한 우리 아이, 어떻게 키우면 좋을까?'

아이를 사랑하는 모든 엄마의 마음에 이 고민이 피어나리라 생각한다.

아이에게 이것저것 바라다가도 '아이가 행복하면 그게 최고지'라며 마음을 다독인다. 행복하지 않은 성공은 아무 의미가 없음을 우리는 너무나 잘 아니까 말이다.

이 책의 목적지는 감탄육아를 통해 **해로우스**(Harowth : Happy(행복)와 Growth(성장)의 합성어로 **행복한 성장**을 뜻한다)를 만들어내는 것이다.

행복하게 사는 법, 그건 어디에서 배울 수 있을까?

아이가 자신만의 생각과 가치관을 키우며 삶을 주도적으로 행복하게 이끌어가는 방법을 배울 수 있는 곳은 학교도 학원도 아닌, 가정이다. 바로 가정이 교육의 핵심과 자신의 삶을 행복하게 이끌어가는 법을 배우는 공간이 되어야 한다.

무엇보다도 가정에서 먼저 충분한 행복을 경험해야 한다.
엄마가 주는 따듯한 우유에 행복해하고, 재미있게 읽어주는 책 한 권에 깔깔 웃음이 터진다. 태어나 처음 겪는 열감기에도 엄마가 불러주는 노랫소리에 마음 가득 따스함을 느낀다.
이렇게 행복을 맛보면서 아이는 스스로 행복을 만들어가는 힘 또한 키워가야 한다. 원하는 것을 얻지 못했거나 나가 놀 준비를 다 했는데 갑작스럽게 비가 왔다고 화 난 기분으로 하루를 망쳐 버리는 것이 아니라, 그럼 어떻게 하면 좋을지, 자신의 삶을 꾸준히 행복하게 이끌어가기 위한 선택을 어떻게 해야 하는지를 배워가는 것이다.
이 중요한 배움은 가정에서 부모를 통해 이루어진다.

0~7세는 아이가 내적 파워를 기르는 핵심적인 시간이다

7살이 지나면 아이는 엄마 품 안에서보다는 세상으로 나아가 그 속에서 많은 것을 배운다.

0~7세, 아직 세상의 영향력이 아이에게 들어가기 전, 엄마의 영향력은 절대적이다. 엄마의 말과 반응, 행동과 기준이 아이의 성품을 만든다. 삶의 기술뿐 아니라 가치관과 인성까지도 자리잡는 시기이다. 엄마는 지혜롭게 반응하며 이 시기를 채워가야 한다.

이 시기 육아의 핵심이 훈육이 되어서는 안 된다. 규칙과 어울림, 삶의 루틴이나 사회적 행동을 배우기에 앞서, 마음껏 시도해보고 생각을 펼쳐보는 시기가 되어야 한다.

행복하게 놀고 즐거움 가운데 생활하면 학습은 그 안에서 자동으로 일어난다. 결과를 평가받는 것이 아니라 지지와 응원 가운데 작은 시도들을 이어가야 한다. 이를 이끌어줄 사람도 바로 엄마이다.

고집불통인 아이에게 "그만!"이라고 외치며 번쩍 들어 일방적으로 데려갈 수도 있지만 더 좋은 방법을 써 보는 것이다.

아이가 이제 막 배운 걸음으로 다다다 달려가 물이 든 컵을 들었을 때 "안돼! 내려놔!"라고 단호하게 말하는 것보다 좋은 방법은 분명 있다. 아이의 시도와 노력을 알아주고 쏟아지지 않게 물컵을 다루는 경험을 해볼 수 있게 이끌어주는 엄마가 되어야 한다. 이 책에서 공유하는 감탄육아의 방법들이 도움이 되리라 생각한다.

엄마와 아이가 함께 행복해지는
감탄육아

러닝퍼실리테이션을 육아에 적용시킨 것이 바로 감탄육아이다.* 감탄육아는 아이의 삶 전반을 디자인하고 세상을 즐겁게 학습할 수 있도록 이끄는 엄마가 가져야하는 바른 관점을 제시하고, 좋은 육아를 위한 5가지 핵심요소와 구체적 기술을 공유한다.

감탄육아는 아이가 혼나는 게 무서워서 어쩔 수 없이 말을 듣고 배우는 것이 아니라, 부모를 존경하기 때문에 따르고 재미있어 하며 배우도록 이끄는 방법이다.

엄마의 바른 인도는 아이의 자존감을 단단하게 하며 스스로 좋은 선택을 해나가는 힘을 길러주고 사고력과 이해력을 만들어준다.

---

* 감탄육아는 러닝퍼실리테이션(학습촉진기법)을 기반으로 한다. 러닝퍼실리테이션은 즐거운 학습환경, 주도적 참여의 기회, 스스로의 경험을 통한 깨달음 그리고 생각의 나눔을 바탕으로 신나게 학습할 수 있도록 전 과정을 설계하고 운영하는 교수기법이다.

　내가 이것을 처음 공부한 곳은 미국이다. 미국 최대 교육인증기관 AdvancED에서 인증받은 러닝퍼실리테이션 전문과정을 마치고 수백 시간에 걸친 훈련을 했다. 그리고 이를 한국 정서에 맞게 적용하기 위해 교육학 석사와 박사과정을 더하며 기업과 교육현장에 적용해 왔다.

　그 결과, 효과는 놀라웠다. 긍정적 환경에서 자신에게 필요한 내용을 경험을 통해 스스로 얻어가는 일은 딱딱한 성인들과 대기업의 높은 기대수준 속에서도 매우 높은 만족을 보였다. 그리고 나는 이 일이 무엇보다도 가정에서, 아이들에게 적용되어야 한다고 확신해왔다. 가장 중요한 학습은 가정에서 일어나기 때문이다.

30개월 미만의 아이가 풍성한 언어 구사를 하지 못할 때라도, 상황적 이해가 되면 하고 싶은 일을 무조건 떼쓰지 않고 멈추는 힘을 갖게 된다.

조금 더 발전하면 하고 싶은 이유를 들어 설득도 해보고 다른 의견을 수용하거나 상황을 조율하는 능력도 나타난다. 엄마가 정한 규칙대로 생활하고 떼 써보다 안되면 포기하는 것이 아니라 자신의 삶을 만들어가는 바른 주도성을 갖게 되는 것이다.

결국 아이는 부모를 떠나 더 긴 시간을 살아가야 한다. 스스로 행복한 삶을 만들어가는 힘을 길러주는 것만큼 중요한 것은 없다.

좋은 기술을 사용해 아이의 내적파워를 만들고 그 안에서 함께 성장하며 행복을 배가시켜가는 일, 함께 우리의 육아를 그렇게 만들면 좋겠다.

내면이 건강하고 훌륭한 아이로 키워 세상으로 내보내자. 그럼 그 아이가 세상을 빛나게 하리라 확신한다.

감탄육아지수 진단

매우 그렇다 : 5점
대부분 그렇다 : 4점
반반이다 : 3점

가끔 그렇게 한다 : 2점
대부분 그렇게 하지 않는다 : 1점
전혀 아니다 : 0점

내용	점수
① "그건 안돼!", "하지 마", "내려놔" 등의 명령어보다는 이유와 함께 설명하려 노력한다.	
② 아이가 한 일을 보며 "와~" "우아~" "오~"등 긍정적 감탄사를 많이 사용한다.	
③ 아이와 함께 무언가를 고를 때, 아이에게도 의견을 묻는다.	
④ 요리를 할 때 아이에게 무슨 요리를 하는지 설명하며 요리한다.	
⑤ "기다려~"라고 말할 때는 이유도 함께 설명한다.	
⑥ 기다려준 아이에겐 "기다려줘서 고마워~"라고 표현한다.	
⑦ 아이에게 웃긴 표정이나 웃긴 소리를 자주 낸다.	
⑧ 약속장소를 갈 땐 아이에게 만나는 사람과 목적을 설명해준다.	
⑨ 핸드폰을 내려놓고 완전히 몰입해서 함께 노는 시간을 갖는다.	
⑩ 충분한 스킨십을 나누며 아이에게 사랑을 표현한다.	
⑪ 아이가 황당한 일을 저질렀을 때, "와~", "어머머~", "오우~" 등의 감탄사를 사용하며 일단 상황을 확인한다.	
⑫ 아이가 떼를 쓰면 어딘가 불편한건 아닌지(배고픔, 졸림, 미열 등) 먼저 체크한다.	

55~60점 : 감탄육아 마스터

엄마는 아이를 존중하며 이끌고,
아이는 스스로 엄마를 따르기를 즐거워하는 단계.
엄마도 아이도 행복한 육아를 만들어가는
정말 훌륭한 감탄육아러입니다.

43~54점 : 감탄육아 상급자

엄마는 아이에게 좋은 반응을 해주고 아이는 기쁘게 성장하는 단계.
아이를 존중하며 상호작용하는 당신은 멋진 감탄육아 상급자!

31~42점 : 감탄육아 중급자

좋은 육아를 만들어가기 위해 많은 노력을 기울이는 단계.
구체적인 방법이나 개념들을 조금 더 알고나면
더 좋은 반응으로 아이의 내적파워를 길러주게 될 겁니다.

19~30점 : 감탄육아 초급자

아직은 좋은 육아를 위한 기법을 사용하기보다는
직관적 반응으로 육아를 해나가는 단계.
'왜 이렇게 해야 하지?'라는 의문이 든다면
감탄육아를 익혀가기 가장 좋은 상태입니다.

0~18점 : 비기너

아직 잘 모를 수 있어요.
육아는 어디에서 배우고 시작하는 게 아니니까요.
그런데 아이들은 부모의 반응에 따라 전혀 다른 성품을 만들어냅니다.
이제 몰라서 놓치는 아쉬움이 없도록
지금부터 감탄육아, 시작하시죠! 마음을 열고 하나하나.

차례

프롤로그 5
감탄육아지수 진단 10

Chapter 1 감탄육아를 시작하다

언제까지나 초보일 수는 없다
: 아이에게 엄마는 온 세상이다 19

엄마와 아이가 함께 행복해지는 시간
: 그 시작은 존중에 있다 22

엄마의 자리 정하기
: 평가자가 아니라 참여자이다 26

감탄사의 힘
: 아이의 뇌를 움직이는 감탄사, 그 무궁무진한 힘 31

감탄육아의 5가지 핵심 요소
: 신념, 넓게보기, 기술, 내려놓기, FUN 39

Chapter 2 신념 육아에는 탄탄한 신념이 필요하다

첫 번째 신념, 아이는 충분하다
: 부족한 아이는 없다, 부족한 상황만 있을 뿐 47

두 번째 신념, 아이는 이유가 있다
: 분명 이유가 있다, 다 알지 못할 뿐 51

세 번째 신념, 아이가 꼭 내 말을 들어야 하는 건 아니다
: 아이에게도 다 생각이 있다, 그 생각을 키워줘야 한다 54

네 번째 신념, 감탄사를 가득 채워라
: 아이가 커 가는 것은 놀라운 일이다 **58**

(   )
: 당신만의 신념이 필요하다 **60**

Chapter 3 넓게 보기 | 엄마의 지혜를 넓게 펼치자

아이는 분위기에 더 잘 반응한다
: 백 마디 말보다 분위기 세팅이 먼저다 **65**

말 많은 엄마가 필요하다
: 엄마의 말 안에서 아이는 자존감을 키운다 **78**

안전감을 느끼게 해주기
: 다양함이 폭우처럼 쏟아지면 공격처럼 느껴진다 **87**

사랑의 표현도 다양하게
: 지금은 충만하고 다양하게 사랑받아야 할 때이다 **95**

부모의 리더십 단계
: 친구 같은 부모, 그러나 리더십은 확실하게 부모에게 있어야 한다 **104**

아이의 놀이환경 만들기
: 놀이시간은 아이의 리더십이 자라는 시간이다 **112**

떼쓰는 아이, 욕구단계 먼저 체크하기
: 아이를 향해 공격태세를 갖출 필요는 없다 **120**

Chapter 4 **기술** 프로는 다양한 기술을 구사한다

칭찬의 기술
: 엄마만 해줄 수 있는 칭찬이 있다 **135**

'안돼!'라고 말하는 기술
: 포즈(pause) 효과를 주고 함께 결정하는 것이다 **149**

엄마의 목소리 사용법
: '리안따단' 4가지 목소리 사용의 황금비율이 있다 **157**

언어 사용 기술
: 기필코 습득해야 하는 긍정적 언어 사용법 **165**

질문의 기술
: 아이가 대답하기 좋은 질문이 가장 좋은 질문이다 **173**

좋은 행동습관을 만드는 기술
: 분명 찬스가 온다, 그때를 잡아야 한다 **188**

주도성을 키우는 기술
: 선택, 누가 먼저 시작하느냐가 핵심이다 **194**

도전하는 아이로 키우는 기술
: 긍정적 기대를 담은 질문이 필요하다 **204**

이해력 높은 아이로 키우는 기술
: 코렉션(correction)보다는 리핏(repeat)이 먼저이다 **209**

모델링 기술
: 아이는 '보고 배울 것'이 필요하다 **215**

리얼의 힘
: 놀이 말고 실제 삶의 참여기회에서 소속감과 자신감을 갖게 된다 **219**

Chapter 5 내려놓기 내려놓기만 해도 좋은 것들이 있다

완벽주의
: 완벽해서 사랑하는 것이 아니다 **225**

타인을 의식한 말
: 아이가 말을 안 들을 때에도 우리는 아이와 한편이다 **231**

일관성의 늪
: 일관성을 잘못 사용하면 편협함이 된다 **238**

평가자 프레임
: 평가자는 평가자를 키울 뿐이다 **245**

단정짓기
: 아이는 계속 성장 중이다 **253**

대부분의 아이는 잘 큰다
: 감사하고 또 감사하는 것이 가장 좋은 방법이다 **258**

Chapter 6 FUN 가장 중요한 것은 마지막에 등장한다

FUN이 아이에게 미치는 영향
: 두뇌, 신체, 정서발달 그 중심에 FUN이 있다 **265**

가장 큰 FUN, 사랑
: 부모의 확실한 사랑이 모든 성장의 바탕이 된다 **269**

웃긴 엄마, 웃게 하는 엄마
: 나는 아이를 얼마나 많이 웃게 만들 수 있는가? **272**

놓치지 말아야 할 절호의 기회
: 가족만이 누릴 수 있는 함께 잠들고 깨는 시간을 놓치지 말자 **277**

정말 가장 중요해서 정말 맨 마지막에 온 것
: 이 기술들을 나의 것으로 만드는 방법 **282**

Chapter 1

감탄육아를 시작하다

육아에 있어서 가장 중요한 것은 엄마의 자리를 평가자가 아닌 참여자의 위치에 두는 것이다.

언제까지나 초보일 수는 없다

: 아이에게 엄마는 온 세상이다

"와~ 꽃이 예쁘다!"

길을 가는데 한쪽에 마음대로 피어 있는 작은 꽃들을 보며 이렇게 말하면 아이도 그 꽃을 예쁘게 바라본다.

'아… 꽃이 예쁜 거구나…'

그런데 만약 엄마가 "아니 꽃이 왜 여기 이렇게 있어? 심으려면 좀 잘 심어야지~"라고 말하면 아이도 그 꽃이 불편해진다. 살짝 인상 쓴 엄마의 표정을 어느새 따라 짓고 있다.

세상에 태어나 모든 것이 처음인 아이에게 엄마의 영향력은 절대적이다. 엄마가 반응하는 대로 아이도 반응하고, 엄마가 생각하는 대로 아이도 생각을 이어간다. 그렇게 아이는 엄마의 행동과 생각을 바탕으로 자신의 것을 만들어나간다. 아무것도 없는 백지상태에서 작은 것까지도 엄마를 보고 배우며 자신의 크기를 키워가는 것이다.

  육아는 부모에게 연습할 시간도 없이 시작되고 동시에 가장 중요한 일이 된다. 선물처럼 찾아온 아이는 단번에 삶에서 가장 소중한 존재로 자리잡고는 엄마를 바라본다.
  특히 0~7세, 이 시기는 엄마가 아이를 완전히 이끄는 시간이다. 외부의 그 어떤 영향력보다도 엄마의 영향력이 크다. 아이에게 엄마는 온 세상이나 다름없다. 육아에 능숙하든 어설프든 관계없이 아이는 엄마에게 전적으로 의존하며, 엄마를 그대로 흡수한다.
  우리는 이 소중한 존재를 위해 육아에 대한 바른 가치관을 세우고 좋은 기술을 사용해 아이가 안정 속에서 성장할 수 있도록 이끌어야 한다. 엄마의 좋은 육아 기술이 아이를 즐겁게 성장시킨다. 그리고 그 시간은, 엄마도 행복한 시간이어야 한다.
  이 시기에 아이는 평생의 삶을 이끌어갈 내적 파워를 만들어간다. 부모의 바른 사랑을 기반으로 건강한 자존감을 만들어가는 시기이며, 주도성과 창의성, 자신감을 키워간다. **그리고 무엇보다도 자신의 삶을 스스로 행복하게 채워나갈 힘을 길러 나간다.**

이 모든 것을 만들어주는 것이 엄마라니, 실로 대단한 일이 아닐 수 없다. 세상의 영향력이 아이에게 닿기 전, 아이는 이미 엄마를 통해 자기 삶의 기반을 대부분 세우는 것이다. **엄마도 육아가 처음이니까,** 하며 어설프게 보내버려서는 안 되는 시간이다.

초보 엄마인 나에게 모든 것을 의존하고 있는 아이를 위해 그리고 이 중요한 역할을 맡게 된 엄마 자신을 위해 아이와 엄마가 함께 행복해지는 감탄육아의 기술들을 하나씩 살펴보고 함께 나누어보자.

엄마와 아이가 함께 행복해지는 시간

: 그 시작은 존중에 있다

　새로운 화분을 하나 집으로 들일 때 꼭 확인하는 것이 있다. 얼마나 자주 물을 주어야 하는지, 햇빛을 좋아하는지 싫어하는지 등 어떤 환경을 만들어주어야 잘 자라는지를 묻게 된다. 그러고는 이 화분이 우리 집에서 잘 자라주기를 바란다.
　"우리 집에 왔으니 내가 주는 대로 물을 먹고, 내가 관리하는 대로 자라라. 이게 내 방식이야."라고 한다면 어느새 시들시들해진 화분을 만나게 될 것이다. 그렇게 시들어진 화분은 우리의 기분도 가라앉게 만든다. 물을 자주 먹고 빛이 많이 필요한 식물은 창가에 두고, 어두워야 잘 자라는 특이한 녀석은 침실에 두는 것이 집을 잘 가꾸는 사람이다.
　작은 화분 하나를 우리 생활로 들이는 것도 이러한데 육아는 어떨까.

어떻게 잘 존중할 것인가

육아는 새로운 한 인격체를 맞이하는 것에서 시작한다. 우리 팀에 신입 멤버가 들어온 셈이다. 아직 작고 약한, 그러나 분명 자신의 의지와 인격을 가진 존중받아야 하는 하나의 팀원이 생긴 것이다.

우리의 미션은 이 아이를 나의 규칙과 방식에 적응시켜 내 말대로 따라오게 만드는 것이 아니라, 함께 부드럽게 어우러져 행복한 삶을 만들어가는 것이다. 아이도 나도 성장하며 함께 행복을 만들어가는 것이 우리의 미션이다.

육아의 핵심은 어떻게 잘 훈육할 것인가가 아니라 어떻게 잘 존중할 것인가가 되어야 한다. 존중을 바탕으로 아이가 자신의 삶을 스스로 행복하게 이끌어가는 힘을 갖도록 돕는 것이다.

아직 말이 안 통하는 아이를 내가 끝까지 잘 존중하려면 어떻게 해야 할까에 우리의 고민이 닿아있어야 한다.

엄마와 아이가 함께 행복해지는 육아는 아이를 존중하기로 다짐하는 것에서 시작된다.

학습과 성장에는 방법과 방향이 중요하다

아이의 모든 성장은 학습으로 이루어진다.

아직 침대에 누워 온종일 먹고 자기를 반복하며 눈만 깜빡이는 시기에도 아이는 최선을 다해 주변을 둘러보고 자신의 눈에 비치는 엄마아빠의 표정을 관찰한다. 움직일 수 있는 작은 근육들을 움직여 보고 온몸에 힘을 줘가며 작은 시도들을 이어간다. 모든 순간을 통해 학습하고 자신만의 것으로 만들며 성장해나가는 것이다.

0~3세 아이의 뇌가 그 어떤 사람의 뇌보다 활발하게 움직이는 것은 이런 이유이다. 모든 것이 처음인 아이가 삶에 필요한 것들을 폭발적으로 학습하는 것이다. 그리고 이 시기 아이의 학습은 대부분 엄마를 통해 이루어진다.

이때 아이는 긴장 속에서 배울 수도 있고 즐거움 속에서 배울 수도 있다. 두 경우 우리 마음속에 생기는 감정은 전혀 다르다. 열등감이 생길 수도 있고, 자존감이 자랄 수도 있다. 학습의 방법에 따라 성장의 방향이 달라지는 것이다.

우리는 부모로서 아이가 가능한 한 즐겁게 학습하고 바른 방향으로 성장할 수 있도록 도와야 한다.

부모가 아이와 한 편에 서서 아이의 학습을 돕고 응원하기 시작하면 아이는 그 안에서 신나게 세상을 탐험한다. 부모의 사랑이라는 든든한 믿는 구석을 바탕으로 자신감 있게, 창의적으로 그리고 주도적으로 학습하고 성장한다. 그렇게 자란 아이는 긍정적 영향력을 이어받아 자신과 타인의 삶에 또 다른 좋은 영향력을 나누며 살아간다.

이것이 우리가 만들 수 있는 가장 좋은 순환이다.

엄마의 자리 정하기

: 평가자가 아니라 참여자이다

"어떤 부모가 되고 싶으세요?"
"자녀와 어떤 관계를 갖고 싶으신가요?"

이렇게 물으면 "친구 같은 부모"가 되고 싶다는 답이 가장 많이 나온다. 그런데 엄마아빠들을 관찰해보면 전혀 '친구'같이 행동하지 않는 사람이 많다. 마치 감독관이나 평가자처럼 행동하는 것을 훨씬 많이 본다.

"어~ 잘했네~"
"그건 하면 안돼~"
"내가 그렇게 하면 안 된다고 얘기했지?"

이런 말을 아이에게 얼마나 자주 사용하고 있는가를 생각해보면 내가 육아의 참여자인지 평가자인지 금방 알 수 있다.

바른 포지셔닝이 좋은 육아의 시작이다

좋은 육아를 위해 우리가 가장 먼저 해야 하는 것은 우리의 포지션을 바르게 두는 것이다. 부모는 평가자가 아니라 참여자이다. 부모는 감독관이 아니라 아이와 한팀의 참여자인 것이다.

어떤 엄마는 아이의 행동에 호루라기를 불며 '되는지 안 되는지'를 빠르게 알려주는 평가자의 역할을 한다.

"아니야! 그쪽은 재미없어 가지 마."
"오케이! 그건 먹어도 돼!"
"어허! 누가 그렇게 하래 내려놔!"

또 다른 엄마는 아이의 행동에 같이 갸웃거리며 참여자로서 함께 생각하고 행동한다.

"으음~~ 엄마 생각에 그쪽은 재미없을 것 같은데~ 어디로 가볼까?"

"오~ 그거 맛있겠다! 한번 먹어볼래?"
"와우! 이걸 다 고른 거야? 대단한데!"

이렇게 반응의 차이가 생기는 것은 두 엄마가 아이를 사랑하는 정도가 달라서가 아니다. 부모의 역할, 엄마의 자리를 다르게 설정하고 있기 때문이다.

육아에 있어서 가장 중요한 것은 엄마의 자리를 평가자가 아닌 참여자의 위치에 두는 것이다. 상대(아이) 혹은 상대의 의견을 평가하지 않는 것이다. 아이는 아직 작고 어리지만, 아이를 있는 그대로 중립적이고 수용적으로 받아들여야 한다. 엄마는 엄마의 의견을 아빠는 또 아빠의 의견을 낼 뿐, 강요하거나 주입하지는 말아야 한다.

참여자의 언어는 다르다

엄마의 자리를 평가자에 두지 않고 참여자에 두게 되면 언어표현부터 달라진다.
앞에서 예로 들었던 표현을 아이와 한팀인 참여자는 뭐라고 표현할까?

"어~ 잘했네~"보다는 그냥 "우아~!!!!!" 하는 감탄사면 충분하다. 잘한 것을 함께 기뻐하는 것이다.

"그건 하면 안돼~"보다는 "그렇게 하지 않는 게 좋을 것 같은데~"라고 유연하게 표현한다.

"내가 그렇게 하면 안 된다고 얘기했지?"라고 다그치기보다는 "어떻게 하면 더 좋을까?"라고 말하며 함께 방법을 찾아볼 수 있다.

아이는 평가받고 정해진 답을 익히는 것이 아니라 함께 기뻐하고 고민하며 답을 찾아가게 된다. 자신의 인생에 엄마아빠라는 든든한 참여자를 얻게 되는 것이다.

교육계에서도 최근 교육에 대한 인식의 변화가 생기고 있다. '가르치다(teaching)'에서 '알게 하다(learning)'라는 개념으로 패러다임이 전환되고 있다. 두 개념은 얼핏 차이가 없는 것처럼 느껴질 수도 있다. '상대가 무엇을 새롭게 알도록 한다'는 궁극적 목적이 동일하기 때문이다. 그런데 '가르쳐서 알게 하는 것'과 '알 수 있도록 도와주는 것'은 우리가 해야 할 행동을 다르게 만든다.

엄마는 인생에 필요한 수많은 기술과 정보들을 하나하나 가르쳐 알게 하는 사람이 아니다. 우리는 육아를 통해 엄마의 복사본을 만들려는 게 아니다. **아이가 스스로 잘 알아갈 수 있도록, 아이만의 해석을 가지며 잘 학습해 갈 수 있도록 돕는 역할을 하는 것**

이다.

물론 부모에게는 아이를 보호하는 역할도 있다. 그렇다 보니 자칫 잘못하면 의식하지도 못한 채 평가자의 위치에 서게 되기도 한다. 이를 주의해야 한다. 아이 인생의 참여자가 되어 조력하고 지지하며 가장 친한 친구이자 인생 선배로 자리하면 된다.

엄마의 답을 아이에게 알려주는 것이 아니라, 스스로 생각을 열어볼 수 있도록 도와주고 격려하는 역할을 하는 것이다. 그러면 아이는 재미를 느끼며 지속해서 스스로 학습을 일으킬 것이다. 친구 같은 엄마와 함께 말이다.

우리는 우리의 자리가 어디에 위치하고 있는지 먼저 돌아보고 인지해야 한다. 인지가 변화의 시작이다.

아이의 삶에 깊숙이 들어가 함께하며, 엄마는 아이를 성장시키고 아이는 엄마를 성장시키는, 기분 좋게 서로 하이파이브를 하는 그런 관계로 서야 한다.

감탄사의 힘

: 아이의 뇌를 움직이는 감탄사, 그 무궁무진한 힘

아이와 한팀으로, 참여자로 자리하기 위해서는 어떻게 하면 좋을까? 일단 감탄사부터 챙겨야 한다.

잠깐 뇌 이야기를 해보자. 육아를 하는 데 전문 뇌과학 지식이 요구되는 것은 아니므로 간단하고 쉽게 살펴보면 좋겠다. 우리 뇌의 복잡한 반응을 아주 심플하게 2가지 영역으로 나눠보면, 첫 번째는 두려움 영역이고 두 번째는 긍정 영역이다.

두려움 영역은 두려움을 느끼게 하거나 위협이 다가오면 피하는 반응을 만든다. 긍정 영역은 긍정적으로 생각해보며 방법을 찾아가는 역할을 한다.

두뇌의 반응은 긍정 영역보다 두려움 영역에서 먼저 일어난다.

긍정적으로 생각하는 것보다 혹시 모를 위험을 감지하는 것이 더 빠르게 필요하기 때문이다.

아이의 뇌도 두려움 영역이 먼저 활성화된다

어른의 뇌도, 아이의 뇌도 두려움 영역이 먼저 활성화된다. 어떤 일을 하고 엄마를 바라보면서 '혹시 내가 잘못한 건 아닌가?', '틀린 건 아닐까?' 하는 염려, 두려움이 먼저 생긴다는 것이다. 우리 뇌는 어떤 방법으로든 두려움 영역을 지나고 나서야 긍정 영역으로 이동한다.

예를 들면, 엄마의 웃는 표정을 보거나 주변 반응이 긍정적일 때 그때야 두려움 영역을 벗어날 수 있다. 또는 경험에 의한 자기 확신이 강한 경우에도 두려움 영역을 빨리 벗어날 수 있다. '이렇게 행동했을 때 엄마가 늘 기뻐했어!'라는 경험적 확신이 있으면 두려움 영역을 잠시 스치기는 하지만 빠르게 긍정 영역으로 갈 수 있다.

우리의 목적은 아이의 뇌가 두려움 영역을 빠르게 지나 긍정 영역으로 가게 하는 것이다. 그리고 그곳에 오래 머물며 그 영역을 활성화하는 것이다. 뇌는 긍정 영역에서 더 많은 건강한 사고를 만들어내기 때문이다.

그렇다면 긍정 영역으로의 빠른 이동을 돕는 강력한 방법은 뭘까? 바로 감탄사이다.

긍정 영역을 활성화하는 소리, 감탄사!

"와우!"

일단 감탄사를 표현하면서 인상 쓴 얼굴을 하기가 쉽지 않다. 다시 말해 감탄사와 함께 엄마의 얼굴은 밝은 표정이 되는 것이다.

아이의 뇌는 엄마의 감탄사 소리와 표정을 보며 빠르게 긍정 영역으로 이동한다. 그러고 나서 그곳에서 다음 생각을 이어간다. 어느 영역에 오래 머무느냐에 따라 아이의 성장 방향은 완전히 달라진다.

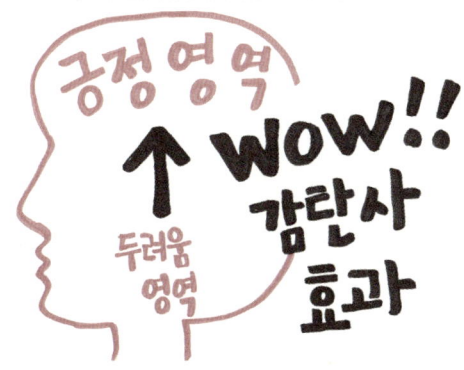

차이점을 좀 더 확실하게 생각해보기 위해 조금 과장된 상상을 함께 해보면 좋겠다.

> 혼자 조용히 블록놀이를 하던 아이가 다 만든 작품을 보라며 엄마를 부른다. 아이가 만든 블록은 뾰족뾰족하게 높이 쌓여 있고 주변은 엉망으로 어질러져 있다.

자 이때 아이의 마음에는 이것을 자랑하고 싶은 마음과 엄마가 칭찬해줄 것에 대한 기대 등이 작동하고 있을 것이다. 그와 동시에 의식하든 못하든 아이의 뇌는 두려움 영역을 거치게 된다. 약간의 긴장감을 느끼는 것이 이런 이유이다.

"엄마 엄마~~"

아이는 약간 들뜬 목소리로 엄마를 부른다. 엄마A는 감탄사를 사용한다. 돌아보며 즉각적인 감탄사로 반응하는 것이다.

"우와~~!"

엄마B는 아직 감탄사의 강력한 효과를 알지 못한다. 갑자기 부르는 소리에 놀라며 살짝 인상을 쓴다.

"깜짝이야! 놀랬잖아…"

아이A의 뇌는 감탄사를 듣고 바로 긍정 영역으로 이동한다. 그러고 그 영역에서 다음 이야기를 이어간다.

> "이거 내가 뾰족한 성을 만든 거예요~" ⋯▸ 기쁨.
>
> "우와~ 그랬구나, 엄마 밥하는 동안 혼자서 이렇게 멋지게 만든 거야? 대단한데?" ⋯▸ 설명이 들어간 칭찬.
>
> "네~ 도와주지 않아도 할 수 있었어요! 하나씩 쌓았거든요~" ⋯▸ 뿌듯함.
>
> "오~ 진짜 멋지다, 근데 이쪽은 너무 뾰족해서 좀 위험할 수도 있겠는데?" ⋯▸ 개선점에 관한 이야기.
>
> "아! 그러면 여기 위에 이렇게 둥근 블록을 올려주면 돼요!" ⋯▸ 신이 나서 방법을 찾음.
>
> "아~ 좋다! 근데 주변이 완전 엉망이 됐네~~" ⋯▸ 지적사항에 관한 이야기.
>
> "히히 내가 또 다른 것도 만들고 나서 치우면 돼요~" ⋯▸ 긍정적 반응으로 방법을 찾음.

긍정 영역으로 넘어간 아이는 기분 좋게 엄마와의 대화를 이어간다. 뇌의 넓은 영역에서 마음껏 다음 생각을 이어가는 것이다. 문제점에 대한 이야기도 쉽게 받아들이며 좋은 방법을 찾는 것에 집중한다. 스스로 뿌듯해하며 자존감을 쌓아간다.

아이B는 어떻게 반응할까? 아이B의 뇌는 아직 두려움 영역에 머물러 있다.

'엄마 표정이 왜 그러지? 뭐가 잘못됐나? 내가 갑자기 불러서 엄마가 놀랐나?' … 걱정을 안고 말을 이어간다.

"이거 내가 혼자 이렇게 만든 거예요~ 뾰족한 성이에요~" … 같은 말을 하지만 아이의 상태는 다르다. '내가 잘 못 만들었나? 알기 어렵나? 혼자 만들어서 그렇다고 이야기해볼까?'와 같은 염려의 생각들이 깔려있다.

"아 그래 성을 만들었구나. 근데 뾰족해서 좀 위험하겠는데?" … 똑같이 개선점에 대해 이야기할 때에도 아이의 상태는 다르다.

"여기 이렇게 둥근 블록을 하나 올리면 되죠~" … 같은 대답을 하지만 그 마음 바탕에는 '이제 됐죠? 문제없는 거죠?' 같은 생각을 하며, 약간 위축되어 있다.

"그래~ 잘했네, 근데 이제 주변 좀 치우자. 밥 먹어야지~"

"싫어요. 만들기 더 할거예요…."

아이A와 아이B의 차이가 느껴지길 바란다. 같은 대화라도 두 아이의 내적 상태는 전혀 다르다. 발달하는 내면 요인도 다를 수밖에 없다. 즐겁게 자신감과 창의력을 확장할 수도 있고, 자기 보호와 방어 성향을 키울 수도 있다.

감탄사는 엄마가 평가자가 아니라 참여자의 위치에 쉽게 자리할 수 있도록 도와준다. 그리고 아이의 두뇌발달을 긍정적 방향으로 이끌어준다.

우리는 익숙한 것을 반복적으로 사용하게 되어 있다. 뇌의 신경가소성 때문이다. 뇌는 익숙한 방향으로 가속적으로 발달하게 된다. 긍정 영역이 익숙한 아이는 계속해서 그 영역을 활성화할 것이다. 반대로 두려움 영역에 익숙한 아이는 그 영역에 있는 것이 더 편안해진다. **어느 영역이 익숙해지느냐, 작은 감탄사가 만들어내는 무서운 차이점이다.**

지금부터 시작하자

"와우~"라고 지금 한번 말해보자. 책을 읽고 있는 지금 말이다. 어쩌면 이 글을 읽는 동안 우리 뇌는 무의식적으로 '그게 말이 돼? 감탄사만으로 뇌가 긍정적으로 움직인다고? 말도 안돼'라는 부정 영역에 자리했을 수 있다. 그곳이 즉각적이고 먼저 반응하는 영역이기 때문이다. 또한 잘못된 정보에 현혹되지 않으려는 자기 보호 기질이 발휘되었을 수도 있다.

그런데 "와우~"라고 내뱉는 순간 우리 뇌는 '진짜 그래? 어떻게 하면 되는데? 일단 감탄사면 된다는 거지?'라고 긍정적으로 처리하게 되기 쉽다.

육아 장면 가득 규칙과 규율이 차 있는 것이 아니라 아이의 행동 하나하나를 놀랍게 바라보며 지지해주고 표현하는 감탄의 소리가 가득 차게 하자.

"와우~ 갑자기 이렇게 싱긋 웃는 거야?! 너무 이뻐!"
"어머머~ 주먹을 꽉 쥔 거야?! 씩씩하네!"
"우와~ 이제 목을 그렇게 높이 들 수 있네!"
"에구~ 이렇게 하니까 물이 쏟아지네~ 조심조심~"
"아아아악~~ 잠깐만! 그렇게 하면 안 될 것 같아!"
"오~~ 아~~ 푸우~~ 엄마 표정 재미있어?!"

재미있을 때도, 기특할 때도, 놀랄 때도 심지어는 나를 힘들게 할 때도 그 자리에 감탄사를 두는 것이다. 아이가 내 품에서 매일매일 커간다는 것은 정말 놀라운 일임을 잊지 말자.

감탄육아의 5가지 핵심 요소

: 신념, 넓게보기, 기술, 내려놓기, FUN

이제 우리 팀에 들어온 아이를 인격적으로 존중하며 아이의 삶에 참여자로 자리하기로 다짐했다면 감탄육아의 핵심이 되는 5요소를 살펴볼 때이다.

이 5가지는 아이를 행복하게 이끌기 위해 엄마의 손바닥 위에 단단히 자리잡아야 하는 요소들이다.

첫 번째 요소, 신념

신념은 행동의 방향을 만들어준다. 어떤 일의 전문성을 갖기 위해서는 충분한 지식을 쌓는 것이 먼저라고 생각하는 사람도 있고, 현장 경험만큼 중요한 것이 없다는 신념을 가진 사람도 있다. 신념은 각자가 선택한 기준이자 방향이기 때문에 무엇이 더 좋다고 말하기는 어렵다. 분명한 것은 이 두 사람의 행보는 다르리라는 것이다.

우리는 자신의 신념대로 행동하며 그 방향으로 탁월함을 쌓아간다. 엄마가 육아에서 어떤 신념을 가졌냐는 아주 중요하다. 어떤 방향으로 육아를 풀어나갈 것인가가 결정되기 때문이다. 신념은 엄마 행동의 길잡이가 된다.

어떤 신념도 없이 육아를 하는 경우도 있다. 아무 신념이 없는 엄마는 수많은 다양한 육아 상황 안에서 휘청거리기만 하다가 모든 중요한 순간을 지나쳐버릴 수 있다.

따라서 엄마가 자신만의 가치관과 지키고 싶은 생각들을 정돈하는 것은 아주 중요한 일이다.

두 번째 요소, 넓게 보기

엄마는 뒤에도 눈이 달렸다는 말을 들어본 적이 있다.

엄마가 신경써야 할 것은 단순히 눈앞에 보이는 순간만이 아니라는 것이다. 아이의 하루가 주변의 모든 흐름과 조화롭게 어울리며 부드럽게 흘러갈 수 있도록 넓게 보고 전체를 운영하는 능력이 필요하다.

이것은 마치 아이가 심심했는데 뒤를 돌아보니 '때마침' 장난감이 거기 있고, 차를 오래 타서 배가 고픈데 '때마침' 간단하게 집어 먹을 수 있는 주먹밥이 있으며, 가족모임 식사 중 지루해서 막 나가자고 떼를 쓸 타이밍인데 '때마침' 종이와 색연필이 있는 것과 같은 것이다. 이 모든 '때마침'을 만들어내는 것이 바로 넓게 보는 힘을 가진 엄마이다.

세 번째 요소, 기술

프로와 아마추어의 차이는 능숙하게 구사할 수 있는 기술의 차이이다.

'아' 다르고 '어' 다른 언어를 다루는 기술, 아이를 칭찬하는 기술, 목소리를 사용하는 기술, 이해력을 높여주는 기술, 질문의 기술, 심지어는 사랑을 표현하는 기술까지도….

모든 기술이 늘 필요한 것은 아니지만 기술이 많은 사람일수록 다양하고 유연하게 그리고 필요한 순간에 꺼내 쓸 수 있다.

네 번째 요소, 내려놓기

육아에서 내려놓기만 해도 좋은 것들이 있다.

너무 많은 '정보'와 엄마의 과도한 '열심'이 어느 날 등 뒤에서 역으로 굴러와 나를 공격하지 않도록 해야 한다. 가끔 양손을 탈탈 털며 긴장을 풀어내는 작업이 필요하다.

잘하고 싶은 나머지 아이의 손을 너무 꽉 잡아버리면 아이가 아플 수도 있다. 불필요한 것들은 점검하고 내려놓아야 한다. 또 은연중에 들어와 있는 잘못된 것들은 인지하고 과감하게 버려야 한다.

대표적으로 완벽주의나 단정 짓기, 동영상에 대한 타협, 일관성의 늪, 과도한 걱정 등이 여기에 속한다.

마지막 다섯 번째 요소, FUN

FUN, 이 짧은 단어는 놀랍도록 강력한 힘이 있다. 감탄육아는 아이의 생활 전반에 FUN이 녹아들도록 많은 힘을 쏟는다. 결국 우리의 학습은 얼마나 즐거웠느냐에 의해서 결정된다. 재미있으면 따라 하고 즐거우면 또 한다. 웃으면서 기억하고 오래도록 저장한다.

물론 취업시험이나 이루고 싶은 목표를 생각하며 견뎌내는 힘든 공부도 있다. 이런 것은 개인적 동기부여나 외부적 요소에 의해 학습이 일어난다. 이것은 어쩌면 'FUN'과는 상관없는 것처럼 보일 수 있다. 그러나 내적 동기부여나 스스로 잘 해내고 싶다는 욕구 또한 학습의 재미를 갖게 만드는 요소이다.

FUN이라고 해서 아이를 계속해서 웃기라는 말은 아니다. 목표를 갖는 것, 이해를 통해 스스로 선택하는 것, 궁금증이 생기는 것, 도전하고 실패를 겪는 과정 등에서도 FUN은 생겨난다.

아이가 FUN과 함께 삶을 학습할 수 있게 만들어주는 것은 정말 중요하다. FUN이 있으면 끊임없이 호기심을 가지며 탐색하기를 재미있어 하게 된다. 시도와 성장 자체를 즐기는 아이가 된다.

즐거운 학습을 경험하며 큰 아이는 스스로 학습을 즐겁게 만드는 힘 또한 갖게 된다. 결국 삶을 구성하고 있는 끊임없는 학습 안에서 행복을 함께 가져갈 수 있게 되는 것이다.

정리하기

* 엄마의 영향력은 아이에게 절대적이다.

* 육아의 핵심은 '어떻게 잘 훈육할 것인가'가 아니라 '얼마나 잘 존중할 것인가'이다.

* 아이의 학습을 쉽고 즐겁게 만들어주자. 즐거운 학습이 바른 성장의 바탕이 된다.

* 엄마는 아이 삶의 참여자이다. 밖에서 지켜보며 평가하고 가르치는 사람이 아니라 함께 생각하며 돕고 칭찬하는 사람이다.

* 육아 중에 감탄사가 자주 등장하게 하자. '와우!'라고 외치는 엄마의 목소리는 아이 뇌의 긍정 영역을 활성화한다.

Chapter 2

신념
육아에는 탄탄한 신념이 필요하다

감탄사는 칭찬이 되기도 하고 공감이 되기도 한다.

감탄사는 즉각적인 반응을 표현하는 소리이기도 하고,

아이 뇌의 긍정 영역을 활성화해주는 열쇠이기도 하다.

첫 번째 신념, 아이는 충분하다

: 부족한 아이는 없다, 부족한 상황만 있을 뿐

아이가 뱃속에 있던 시간을 다시 한번 떠올려 보자.

검진 때 병원을 가서 아이를 만나면 어느샌가 손과 발도 생기고 척추도 생기고 하는 모습이 신기하기만 하다.

그 순간 엄마는 다른 생각은 할 겨를도 없이 건강하게만 태어나주기를 간절히 바라고 바란다. 그리고 아이가 세상에 나오는 순간, 아무 탈 없이 태어나 준 아이에게 고맙다는 말을 반복하게 된다.

"사랑한다. 정말 사랑한다. 우리에게 와줘서 너무 고맙다. 엄마는 네가 너무 보고 싶었어~ 고마워 우리 아가…."

아이는 그 존재만으로도 충분하다. 엄마와 아빠를 모두 품고 우리에게 와준 그 존재, 세상에 없던 그 탄생만으로도 말이다.

뱃속 꼬물거림만으로도 우리를 미소 짓게 만들던 아이가 세상에 나와 커가면서 무언가 계속 부족해진다면 이상한 일일 것이다.

"유난히도 침을 많이 흘리는데?"
"얘는 너무 길게 우는 것 같은데?"
"다른 아이에 비해 숟가락질을 너무 못하잖아?"

맞다. 그럴 수 있다. 그러나 그 순간에 우리가 가져야 하는 신념은 이것이다. **아이는 그 존재 그대로 충분하다.**
느리면 느린 대로, 빠르면 빠른 대로, 소극적인 성향이든 활발함이 넘치든, 그 모습 그대로 아이는 충분한 상태이다. 아이가 부족하게 된 것이 아니라 아이를 바라보는 우리의 마음이 부족하게 바뀐 것이다. 아이를 지속해서 충분한 상태로 바라보는 노력이 필요하다.
'왜 이러지? 뭐가 문제야?'라는 관점으로 아이를 바라보면 모든 것이 문제가 된다. 사랑이나 염려에서 시작된 의문이라 할지라도 부정적 관점을 습관적으로 갖는 것은 좋지 않다.

'괜찮아, 아이는 충분해, 어떻게 해주면 더 좋을까?'

이것이 우리가 가져야 하는 관점이다. 부족한 아이는 없다. 부족한 상황만 있을 뿐. 우리는 부모로서 그 부족한 상황을 찾아 도와주면 된다.

> 아직 침을 많이 흘리네, 어떻게 해주면 좋을까?
> ⋯▶ 자꾸 휴지로 닦으면 입 주변이 아플 수 있으니 가제수건을 챙겨 다녀야겠다!
> 너무 많이 우네, 뭔가 불편한 걸 텐데, 어떻게 도와주면 좋을까?
> ⋯▶ 익숙하지 않은 환경에 너무 자주 노출하지 말아 봐야겠다!
> 아직 숟가락질을 잘 못 하네, 괜찮아~ 천천히 하면 돼~. 하고 싶은 건데 아직 잘 안 된다면?
> ⋯▶ 숟가락을 밥 먹을 때만 놔주지 말고 놀이할 때도 사용하도록 해야겠다. 작은 콩을 숟가락으로 퍼서 옮기는 놀이를 하면 좋겠다!

'아이는 충분하다'는 신념을 가지면 아이에게서 **'문제'**를 찾지 않게 된다. 아이가 더 좋을 수 있는 **'방법'**을 생각하게 될 뿐이다.

가끔 부모 강좌를 통해 만나게 되는 분들이 이런 이야기를 할 때가 있다.

"우리 아이가 누굴 닮아 이런지 모르겠어요. 우리 부부는 아무도 이런 성향이 있는 사람이 없는데 진짜 유별나요. 정말!"

아이를 유별나게 바라보면 유별난 아이가 된다. 그런데 아이를 특별하게 바라보면 특별한 아이가 된다. 신기하게도 **아이는 바라봐주는 대로 큰다.** 부모만큼은 어떤 상황에서도 '아이는 충분하다'고 바라보는 것이 필요하다.

두 번째 신념, 아이는 이유가 있다

: 분명 이유가 있다, 다 알지 못할 뿐

　아이가 어떤 행동을 하는 데에는 다 이유가 있다. 다만 그 이유를 설명할 충분한 능력을 아직 갖추지 못한 것뿐이다. 엄마 또한 아직 다 이해하지 못할 뿐이다.
　우는 아이는 분명 어딘가 불편한 것이다. 갑자기 제멋대로 행동하는 아이도 그러는 데에 분명 이유가 있다.
　아이에게 있는 이유를 잘 찾아가는 것이 엄마와 아이 사이의 미션이다. 분명한 전제는 '이유가 있다'이다.

　아이가 돌도 되기 전 일이다. 낮잠을 자다 말고 갑자기 큰 소리로 울기 시작했다. 아이가 우는 것은 당연하지만 그날의 울음은 좀 길고 짙었다. 배가 고픈가, 우유를 줘보기도 하고, 쉬를 했나,

기저귀도 확인했지만 둘 다 아니었다. 자면서 더웠던 건 아닌지 몸 온도도 확인해보고, 침대 이곳저곳을 살피며 확인했지만 문제가 될 만한 건 찾을 수 없었다. 아이가 계속 우니 마음이 불안해지기 시작했다.

'분명 이유가 있을 텐데…. 뭐가 불편한 걸까….'

다시 차근차근 살펴보는데 아이 옷에서 떨어진 작은 단추가 등 뒤에 꽉 붙어있었다.

'아! 이거였구나~'

단추를 치우고 살살 문지르며 안아줬더니 스르륵 다시 잠이 들었다. 엄마는 한바탕 진땀을 흘린 것도 모르고 말이다.

엄마라고 해서 아이의 이유를 바로바로 알 수 있는 건 아니다. 제법 오랜 시간을 쌓아야 하는 일이다. **아이는 자신의 이유를 엄마에게 표현하는 법을 배우고, 엄마는 아이 행동의 이유를 찾아가는 능력을 키우며 함께 성장하는 것이다.**

"도대체 우리 애가 왜 이러는지 모르겠어요!"

이 말은 아이 입장에서는 참 섭섭한 말이다. 아이가 가진 이유를 부정하거나 불만 삼는 말이기 때문이다. 이 안에는 '그럴 만한 이유가 없는데 이래요'와 같은 의미가 숨어 있다. 또는 '저는 몰라요~' 하며 포기해버리는 말도 된다.

우리의 표현은 달라야 한다.

"왜 이러는 건지 분명 이유가 있을 텐데 말이에요."

둘 다 결국은 모르겠다는 말이다. 그러나 그 이유를 찾기 위한 노력이 얼마나 포함되었는가를 생각해보면 전혀 다른 말이 된다. 그저 속상함이 주를 이루는 것이 첫 번째 표현이라면, 우리가 사용하고자 하는 표현에는 '이유를 찾기만 하면 개선해 갈 수 있을 텐데!' 하는 의지가 주를 이룬다.

"도대체 왜 이러는지 모르겠네"라는 생각과 표현 대신 "어디보자. 분명 이유가 있을 텐데"라고 표현하는 것으로 시작해보자.

아이에게는 분명 이유가 있다.

세 번째 신념, 아이가 꼭 내 말을 들어야 하는 건 아니다

: 아이에게도 다 생각이 있다, 그 생각을 키워줘야 한다

육아를 하다 보면 아이와 엄마의 의견이 대립하게 되는 순간을 만난다. 그 순간은 생각보다 빠르게 찾아온다. 엄마 입장에서는 엄마 의견이 당연하고 옳은 것이며, 다 아이를 위한 것이기까지 하다. 하지만 아이에게도 아이만의 생각과 이론이 있다.

하루는 아이가 새벽 5시에 깼다. 문밖에서 살짝 들어오는 빛을 가리키며, "엄마! 이거 봐~ 안 깜깜해~ 우리 놀아도 돼!" 하는 것이다. '깜깜하면 자야 한다'는 엄마의 이론을 이용한 아이의 반격이었다. 조금 더 자면 좋겠다고 이야기했지만 아이는 잠이 다 깨버린 모습이다. 순간 아이에게 '그래도 지금 더 자야 한다'고 말할 만한 이유를 찾지 못했다. 그저 "엄마는 아직 졸린데…"라고 말하

는 게 전부였다.

결국 아이는 일어나서 놀기 시작했고, 그만큼 긴 하루가 시작됐다. 사실 이 정도는 웃으며 들어줄 수 있는 요구다.

그런데 육아를 하다 보면 들어줄 수 없는 의견과 대립하는 순간도 만나게 된다. 그때 우리는 어느새 이런 말을 하게 된다.

"엄마가 안 된다고 했지! 안 된다고 몇 번이나 말해!"

이런 표현은 '엄마가 한 말이니 들어야 한다'는 전제에서 나온다. 그뿐만 아니라 '더이상 너의 논리는 필요 없다. 내 말을 무조건 들어라'와 같은 일방적인 강압성을 가진다. 절대적 약자인 아이는 엄마의 말을 들을 수밖에 없게 된다. 엄마라는 지위로 아이를 굴복시킨 셈이다.

이 표현 하나로 많은 것이 깨진다. 아이가 주도적 사고를 할 기회, 창의적이고 자유롭게 클 기회, 그리고 엄마와 친구같이 지낼 기회까지 모두 사라진다.

물론 아이의 의견을 존중하는 것이 쉬운 일은 아니다. 아직 어리고 모르는 것이 많다 보니 엄마 말을 들어야 맞는 경우가 많은 것이 사실이다. 그러나 또 한편으로는 아이의 창의성과 주도성도 놓치고 싶지 않다. 엄마 말만 듣는 틀 안의 아이로 키우고 싶지 않다. 그래서 어렵더라도 좋은 방법을 찾고 사용하기 위해 힘쓰는 것이다.

감탄육아의 핵심은 아이를 존중하며 엄마의 자리를 아이 인생의 참여자로 포지셔닝 하는 것에 있다. 엄마는 가장 친한 친구이자 인생 선배, 아이의 성장을 돕는 사람이다.

이 신념을 가졌다면 우리가 해야 하는 일은 아이에게 선택권을 주는 것이다. 아이가 스스로 더 좋은 선택을 할 수 있도록 도와주며 상황을 풀어가야 한다.

엄마 말을 따라야 하는 순간에 가장 좋은 것은, **아이 스스로 엄마 말에 따르기를 '선택'하는 것**이다. 먼저 아이가 스스로 결정하는 것에 익숙해져야 한다. 엄마와의 관계에서 자신의 의견이 충분히 수렴되고 있음을 느껴야 한다. 함께 결정하고 그 결정이 실제로 이루어지는 것을 경험하며 서로 신뢰를 쌓아가야 한다.

크고 작은 일들을 직접 선택하며 존중받음을 경험한 아이는 중요한 상황에서 엄마의 의견을 존중하며 따르는 능력을 갖게 된다. 엄마니까 무조건 따르는 아이가 되는 것이 아니라, 엄마를 따르기로 선택하는 지혜를 갖게 되는 것이다.

아이에게 선택권을 주는 구체적 방법은 뒤에서(주도성을 키우는 기술) 더 알아보기로 하자. 중요한 것은 '아이가 꼭 내 말을 들어야 하는 것은 아니다'라는 신념을 새기는 것이다. 아이와 대치의 순간 나도 모르게 강압적인 엄마로 변신하지 않도록 말이다.

네 번째 신념, 감탄사를 가득 채워라

: 아이가 커 가는 것은 놀라운 일이다

"와우~"

"오~"

"우아~~~"

우리집에는 얼마나 자주 감탄사가 등장하는가? 나는 하루에 얼마나 많은 감탄사를 말하는가? 아이의 환경에는 감탄사가 가득해야 한다.

아이는 그 자체가 놀라움이다. 도대체 어떻게 이렇게 사랑스러운 아이가 우리에게 오게 된 걸까. 단 몇 달 만에 뱃속에서 필요한 장기를 다 만들어낸 걸 생각하면 신기하기만 하다.

존재의 탄생만으로도 놀라운데, 하루가 다르게 커가는 모습은 또 어떠한가. 알려주지도 않은 것을 쏙쏙 배우기도 하고, 배우지도 않은 것을 본능적으로 따라 하기도 한다. 이제는 제법 컸다고 엄마와 말을 주고받고 있는 것도 신기한 노릇이다.

세상에 없던 존재가 매일매일 놀라움을 꽃 피우는 일이 육아이다. 놀라움을 표현하는 감탄사가 육아 안에 가득해야 하는 것은 어쩌면 당연한 일이다.

감탄사는 칭찬이 되기도 하고 공감이 되기도 한다. 감탄사는 즉각적인 반응을 표현하는 소리이기도 하고, 아이 뇌의 긍정 영역을 활성화해주는 열쇠이기도 하다.

감탄사를 가득 채우자. 우리 삶 곳곳에서 감탄사는 아주 강력하고 효과적인 결과를 만들어줄 것이다. 책의 여러 챕터에서 감탄사의 활용법을 다루었다. 이것들을 바탕으로 순간순간 감탄사로 아이와의 관계를 풀어가 보자.

감탄사는 꼭 좋을 때만 사용하는 것이 아니다. 아이가 놀랍도록 황당한 일을 저질렀을 때, 또는 아이가 너무 말을 안 듣고 나를 힘들게 할 때도 일단 감탄사를 입 밖으로 내뱉어보자. 힘든 마음 자체를 순식간에 기쁨으로 바꾸긴 어렵겠지만, 내뱉게 되는 말을 짧은 감탄사로 바꾸려는 노력은 분명 효과가 있다. 짜증 나는 감정으로 일을 처리하는 것이 아니라, 긍정 영역에서 방법을 찾으며 일을 해결해나가게 도와준다.

(_____)

: 당신만의 신념이 필요하다

마지막 신념의 자리는 비어 있다.

이곳을 위해 우리에게는 잠깐의 고민이 필요하다. 세상에 나와 있는 많은 육아 참고서와 선배 엄마들의 고마운 조언은 피가 되고 살이 된다. 하지만 단단한 뼈대를 세우는 것은 결국 우리 각자의 몫이다. 육아에 대한 신념을 엄마 스스로 고민해보고 세워보는 것이 필요하다.

아이를 위해 나는 어떤 마음의 기준을 가져야 할까?
나는 엄마로서 어떤 신념을 갖고 싶은가?

시간이 조금 걸린다 하더라도 이 페이지로 돌아와 위의 빈자리를 자신의 신념으로 꼭 채워보기를 권한다. 이 공간이 비어 있는 채로 책장에 꽂혀 있는 것은 슬픈 일이다. 읽어 넘기며 타인의 것을 흡수하는 것도 중요하지만 내 것을 만들어내는 것만큼 강력한 것은 없다.

스스로 고민을 통해 기준을 세우지 않으면 우리는 흔들리기가 쉽다. 창의력이 이슈가 되면 창의력 좋은 아이로 키우기 위해 바빠질 것이고, 인성이 이슈가 되면 인성교육을 찾느라 애를 쓸 것이다. 또 어떤 엄마들을 만나 대화를 하고 돌아온 날이면, 그래도 할 건 해야지 하며 학업 능력을 높이는 방법을 찾느라 고민에 빠질 것이다.

아이가 자라며 환경이 변하고 사회가 변하면서 우리는 흔들릴 수밖에 없다. 그럼에도 불구하고 내가 가져가고 싶은 한 가지 신념을 적어놓는 것은 스스로를 단단하게 하며 기쁘게 육아를 이어갈 수 있는 힘이 되어준다.

거창하거나 완벽할 필요도 없다. 나중에 신념이 바뀌어서 혹은 또 다른 신념이 생겨서 수정하기 위해 다시 이 페이지를 찾아온다면 또 기쁜 일이다. 엄마의 애정 가득한 고민이 계속되고 있다는 증거이니까 말이다.

정리하기

육아에는 탄탄한 신념이 필요하다

* **아이는 충분하다.**
  항상 그렇게 보는 부모가 되어야 한다.

* **아이는 이유가 있다.**
  '왜 이래?' 하는 부정적 시선을 갖지 않도록 주의한다.
  아이와 소통하는 법을 서로 배우는 것이다.

* **아이가 꼭 내 말을 들어야 하는 건 아니다.**
  육아는 아이를 엄마의 꼭두각시를 만드는 것이 아니다. 아이가 자신만의 생각을 키워 주도성을 갖고 창의성을 잃지 않도록 해야 한다.

* **감탄사를 가득 채워라.**
  감탄사는 좋을 때만 사용하는 것이 아니다. 육아의 여러 상황에서 감탄사를 시작으로 대화할 수 있다.

* **(   )**
  엄마만의 신념이 필요하다. 아이를 위해 고민하고 단단한 기둥을 세우는 엄마가 되어야 한다.

Chapter 3

넓게보기
엄마의 지혜를 넓게 펼치자

1. 우리가 하게 될 일을 이야기한다. … 공유

2. 그에 맞는 분위기를 세팅한다. … 세팅

3. 공유한 대로 자연스럽게 움직인다. … 행동

아이는 분위기에 더 잘 반응한다

: 백 마디 말보다 분위기 세팅이 먼저다

　엄마는 전체 상황을 지휘한다. 단순히 어떤 한 가지만 가지고 아이의 행동을 이끄는 것이 아니다. 전체적인 상황을 읽고 준비하여 아이가 필요한 행동을 쉽게 할 수 있도록 도와줘야 한다. 이를 위해서는 아이가 해야 할 다음 행동에 맞는 분위기를 만드는 것이 무엇보다 중요하다. 왜 그럴까?

　우리는 다양한 감각기관을 통해 정보를 습득한다. 보고 듣고 만지며 정보를 습득하고, 습득한 정보를 활용해 우선순위를 정하여 행동하게 된다.
　성인은 정보를 받아들이고 그에 따라 우선순위를 정해 행동하는 일에 매우 익숙하다. 뇌가 이런 일을 하고 있다고 느끼지도 못할 만큼 빠르게 정보를 선택하고 처리해낸다.

그런데 아이는 다르다. 정보를 받아들이고 구분해서 우선순위를 정하는 일이 익숙하지 않다. 그렇다 보니 전체적으로 느껴지는 분위기에 더 쉽게 반응한다.

생각해보면 아이가 엄마 뱃속에서 처음으로 갖게 되는 정보는 시각이나 청각, 촉각과 같은 정보가 아니다. 그냥 엄마의 느낌, 그 분위기에서 정보를 얻는다. 청각이 발달하지 않아 엄마의 목소리가 들리기 전에도 아이는 뱃속에서 엄마의 기분과 느낌을 자연스럽게 공유받는다.

엄마의 기분, 걸음걸이의 템포나 편안함의 정도를 함께 느끼며 세상을 간접적으로 만나기 시작한다. 이것이 아이의 시작이고 아이에게 익숙한 방법이다.

전체적으로 느껴지는 분위기에 따라 행동하는 것이다. 시끌벅적 신나는 분위기에 놓이면 시끄럽게 말을 하기 시작하고, 조용한 곳에 들어가면 뭔지 몰라도 긴장하며 엄마 옆에 딱 붙어 선다.

분위기를 먼저 만들면 육아가 쉬워진다

놀이를 정리해야 할 때 정리하고, 씻어야 할 때 씻고, 외출해야 할 땐 외출을 함께 준비하는 등 때와 상황에 맞는 행동을 하는 아이를 상상해보자.

일이 생길 때마다 아이와 씨름을 하는 것이 아니라 아이와 함께 삶을 쉽고 부드럽게 흘러가도록 만드는 것, 이것은 어떻게 가능한가? 바로 분위기 세팅을 통해서이다.

방법은 간단하다. 우리가 하게 될 일을 함께 공유하고 그에 맞는 분위기를 충분히 세팅한 후 행동하면 된다.

> 1. 우리가 하게 될 일을 이야기한다. ⋯▶ **공유**
> 2. 그에 맞는 분위기를 세팅한다. ⋯▶ **세팅**
> 3. 공유한 대로 자연스럽게 움직인다. ⋯▶ **행동**

친구들과 파티를 한다고 생각해보자. 좋은 레스토랑을 예약해서 파티를 할 것인지 아니면 편안한 파자마 파티를 할 것인지를 먼저 공유해야 한다(공유). 파자마 파티를 하기로 했다면 이제 그에 맞는 분위기를 세팅한다. 푹신한 쿠션을 꺼내놓고 편하게 집어먹을 수 있는 음식들을 준비한다(세팅). 그리고 파티가 시작되면 모두는 자연스럽게 그 분위기에 맞게 행동한다. 파자마 파티에 좋은 드레스를 입고 오는 사람은 없을 것이다(행동).

아이와의 일과에서도 마찬가지이다. 아이가 어리다고 해서 아무 공유 없이 휙휙 일과를 진행해버리면 아이는 본의 아니게 말

안 듣는 아이가 되어버린다.

우리는 아이를 인격적으로 존중하고 함께 대화하며 하루를 채울 필요가 있다. 아주 어릴 때부터 아이와의 관계를 습관적으로 그렇게 해나가야 한다.

행동을 이끄는 3 단계 : 공유 - 분위기세팅 - 행동

1. 아이에게 우리가 이제 무엇을 할 것인지를 설명하고 공유한다.

예1) "우리 물놀이가 끝나면 잘 준비하고 코 잘 거야~"

예2) "블록놀이는 지금 만드는 것까지만 하고 책 읽으러 가자~"

2. 그에 맞는 분위기를 세팅한다.

예1) 잠옷을 준비하고 조명을 낮추고 잠자는 환경을 만든다.

예2) 책 읽을 자리와 조명을 만들고 간단한 간식을 준비한다.

3. 미리 공유한 대로 자연스럽게 행동한다.

예1) 목욕이 끝나면 자연스럽게 침대로 가 잠옷을 입고 함께 책을 읽으며 잘 준비를 한다.

예2) 마지막 블록놀이가 끝나면 자연스럽게 하이파이브를 하고 블록을 정리한다. 잠시 화장실에 가고 싶은지를 확인하며 책 읽는 상황으로 넘어간다.

아까 보던 TV가 계속 틀어져 있고, 신나게 놀던 조금 전과 동일한 분위기에서 계속 잘 시간이라고 외치는 것은 아이의 행동 촉진에 도움이 되지 않는다.

잘 준비를 부부가 함께한다면, 한 사람이 화장실에서 아이를 씻기는 동안 다른 한 사람은 분위기 세팅을 하는 역할을 한다. 아이가 씻고 나왔을 때 낮아진 조명과 잘 준비된 잠옷은 말보다 강한 메시지로 전달된다. '아 이제 자는 시간이구나'라고 느끼며 자연스럽게 다음 행동으로 움직인다.

물론 그렇다고 해서 씻고 나온 아이가 침대에서 스르륵 잠들어 주는 것은 아닐 수 있다. 더 놀고 싶은 아이는 침대 위로 뛰어 올라와 침대를 구르며 장난치고 놀 것이다. 하지만 이전 분위기에서처럼 집을 뛰어다니며 놀거나 모든 장난감을 꺼내고 블록놀이를 하는 건 아니라는 것을 아이는 직감적으로 안다.

우리는 분위기 조성을 통해 우리가 목적으로 하고 있는 행동으

로 즐겁게 갈 수 있는 단계를 만들어주는 것이다.

잔소리는 아이의 무감각을 키운다

일이 쉽게 진행되지 않는 이유는 이 과정 중 어떤 것이 생략되었거나 또는 모든 것이 뒤엉켜 섞여 있기 때문이다.

〈공유 - 세팅 - 행동〉이 아니라 〈공유 - 공유 - 잔소리 - 잔소리 - 협박 - 행동〉인 경우가 많다. 분위기 세팅이 제대로 이루어지지 않은 것이다.

"이제 잘 시간이야. 정리해. 이제 잘 시간이라고. 정리해야지. 여기까지만 하고 정리해. 여기까지만이라고 했지? 이제 씻어야 하는데. 그만하라고 했지. 불 꺼버린다?! 이리 와 이제 씻어!"

이 많은 말을 하면서 부모는 계속 잘 준비를 분주하게 하고 있을 것이다. 주변 정리를 하며 아이를 계속 기다려준다고 생각할 것이다. '공유하고 세팅하는 것과 뭐가 다르냐, 나도 그렇게 하고 있다~'라고 생각할 수 있다.

그러나 부모의 부족한 스킬 때문에 아이는 '이야기를 하고 기다리고 기회를 줬지만 말을 듣지 않는 아이'가 되어버린다. 다음 행동으로 갈 분위기 세팅을 먼저 하고 행동으로 이끌었는지 체크해봐야 한다. 그 사이에 불필요한 잔소리는 최대한 줄여야 한다. 너무 많은 공유, 잔소리, 말… 이런 것이 쏟아져 나오면 아이가 엄마의 말에 무감각해지는 결과를 만든다.

"이제 만들기 두 개만 더 하고 나갈 준비 하자"라고 이야기했다면 **두 개 더 만드는 동안은 여전히 놀이 시간이다. 놀이에 함께 반응하고 즐거워하면서 부모는 다음 분위기를 세팅한다.**
　외출에 필요한 준비물을 챙기고 엄마는 나가기 위한 옷으로 갈아입는다. TV는 꺼져있고 주방 정리도 끝났다. 한쪽에는 아이가 외출하며 걸쳐 입을 옷과 소지품을 챙겨둔다. 분위기는 외출을 향해 있다.
　중간중간 이런 준비를 하는 엄마의 모습을 보여주며 "와~ 이번에 만드는 것도 멋있네~"라고 놀이에 호응하면 된다. 잔소리가 들어오면 방해만 될 뿐이다.

아이에게도 생각하고 선택할 시간이 필요하다

대부분의 일과는 부모가 정한다. 아이에겐 시간이 필요하다. 부모가 정한 다음 일과를 <u>듣고 - 인지하고 - 받아들이고 - 행동을 결정</u>

하는 시간을 줘야 한다.

물론 아이의 내면에서 '엄마 말을 바로 잘 들을 것인가 아니면 조금 더 놀겠다고 떼를 쓸 것인가' 하는 갈등이 일어날 수 있다. 이런 내적갈등은 아이를 건강하게 성장시킨다. 스스로 고민해보고 생각해보고 선택하는 경험은 중요하다. 그 내적갈등의 결과 이왕이면 엄마 말 듣기를 선택할 수 있도록 분위기 세팅을 통해 도와주는 것이다.

"좋아! 이제 정리하자~ 엄만 준비 다 했어! 00이 옷은 여기 챙겨뒀어~" 하며 자연스럽게 다음 행동으로 이끌어준다. 아이는 이미 준비된 분위기를 느끼며 '분위기 파악'을 한다. 분위기 세팅을 통해 다음 행동으로 쉽게 이어지도록 하는 것이다.

여기에 한 가지 팁을 더 하면, 아이가 다음 할 행동으로 자연스럽게 옮겨갈 수 있도록 작은 선택권을 주며 관심을 끌어오는 것도 좋다.

"자 여기 카디건 두 개 있는데 오늘 어떤 색 입고 나가고 싶어?"
"음… 노란색!"

선택하는 기쁨과 함께 다음 행동으로 보다 자연스럽게 연결된다. 밥을 먹는 시간이나 아이의 놀이시간과 학습시간을 분리하고 싶을 때에도 분위기 세팅은 우선한다. 엄마는 상황을 넓게 보고 아이가 다음 행동으로 쉽게 갈 수 있도록 한발 먼저 분위기를 세팅하는 것이다.

아이의 방을 구성할 때에도 유연한 분위기 조성을 위해 아이의 가구와 물품은 이동이 편리한 것을 고르는 것이 좋다. 아이와 함께 놀이하다 보면 아이에게 더 좋은 동선이 눈에 들어온다. 그럴 때 쉽게 바꿔줄 수 있기 위함이다. 또 가끔 방의 구조를 바꿔주는 것은 아이에게 환기가 되고 새로운 생각을 키워줄 기회가 된다. 아이의 성장에 따라서도 그렇다. 아이가 커가며 흥미를 느끼는 요소나 활동이 달라진다. 그것을 반영해 방을 함께 꾸며가는 것도 좋다.

외출할 때에도 분위기 세팅이 필요하다

외출 의도에 맞는 분위기 세팅은 아이의 행동을 이끌어준다.

물놀이 가는 날은 금방 마르는 가벼운 옷에 슬리퍼를 신는다. 아이는 걸을 때 느껴지는 슬리퍼의 달각거림에도 신이 난다. 교회 가는 날은 깨끗하고 멋지게 입자고 말하며 깔끔한 옷을 꺼내준다. 이는 아이가 그곳에서 어떻게 행동해야 하는지에 대한 가이드가 되어준다.

물론 아이들은 모든 것을 뛰어넘어 자유롭게 행동할 수도 있다. 하지만 아이에게 쌓인 분위기 학습은 분명 어떤 날 역할을 하게 된다.

결혼식에 참석했다가 근처 공원으로 놀러 갈 계획이 있는 주말이라면 어떤 준비를 하면 좋을까? 결혼식에 맞추어 깔끔하게 차려입는 부모의 모습을 보며 아이는 말할 것이다.

"우리 어디 가는 건데요?"

아이가 궁금해 한다면 성공이다. 우리가 가는 곳과 그곳에서 어떻게 행동하면 좋을지 알려줄 수 있는 절호의 찬스이다. **스스로 궁금해 할 때 학습은 가장 잘 일어난다.**

짧은 결혼식 시간보다 더 긴 시간을 잔디밭에서 뛰어놀 계획이라면 간단하게 갈아입을 옷이나 신발을 준비한다. 결혼식장에서 의젓한 모습을 보인 아이를 칭찬하며 챙겨줄 특별 간식을 준비하는 것도 좋다.

> 1. 공유하고 ⋯ 2. 분위기 세팅 ⋯ 3. 행동하면 끝이다.

"결혼식에 갔다가 공원에 가서 신나게 놀 거야~" (공유)

엄마아빠가 먼저 깔끔하게 차려입는다.
아이도 깨끗한 옷을 꺼내 입힌다. (분위기 세팅)
함께 가서 결혼식을 축하한다. (행동)

결혼식 시간 동안 조금 조용히 있어야 하지만 우리 곧 공원에 가서 신나게 공놀이를 할 것이라고 알려준다. (다음을 다시 공유)

식을 마치고 나오면서 멋지게 결혼식에 함께 참석한 것을 칭찬한다. 차를 타고 공원으로 이동하면서 준비한 특별 간식을 건네준다. 아이는 기분 좋게 이동한다. (분위기 세팅)

공원에 도착하면 간단히 옷을 갈아입고
아이가 좋아하는 비눗방울과 공놀이가 들어있는 가방을 꺼낸다.
(분위기 세팅)

함께 신나게 논다. (행동)

흐름이 상상이 간다면 성공이다.

이 모든 흐름을 만드는 것은 넓게 보는 엄마이다. 넓게 보고 미리 준비한다. 알맞은 분위기를 만들며 이끌어가면 일은 순조롭게 흘러간다. "없는데?", "안 되는데…", "나중에 해줄게"와 같은 말들이 적어지도록 하는 것이다. 말을 잘 듣는 아이가 따로 있는 것이 아니다. 내 아이를 말 잘 듣는 아이로 만드는 것이 부모의 힘이다.

정리하기

* 아이의 행동을 부드럽게 이끌기 위해서는 그에 맞는 분위기 세팅이 먼저다.

* 해야 할 일을 공유하고 ⋯→ 그에 맞는 분위기를 세팅한 후 ⋯→ 자연스럽게 행동으로 이끈다.

* 잔소리나 강압으로 아이를 이끌면 육아가 점점 어려워진다.

* 공유 ⋯→ 공유 ⋯→ 잔소리 ⋯→ 잔소리 ⋯→ 협박 ⋯→ 행동이 되지 않게 주의하자.

* 대부분의 일과는 엄마가 정하는데, 아이도 듣고 생각하고 행동을 선택할 시간이 필요하다.

말 많은 엄마가 필요하다

: 엄마의 말 안에서 아이는 자존감을 키운다

나는 육아를 시작하며 가장 먼저 무엇을 준비해야 하는지를 묻는 엄마들에게 이렇게 말한다.

"무엇이든 이야기하는 연습을 시작하세요. 아이에게는 말 많은 엄마가 필요합니다."

아이에게는 말 많은 엄마가 필요하다. 엄마의 말을 통해 아이는 심리적 안전감을 느낀다. 아이는 엄마의 말에 둘러싸여 보호받는다. 엄마의 말을 통해 삶에 참여한다.

아직 아무 말도, 이렇다 할 행동도 못 하고 침대에 누워있는 것이 하루의 전부일 때에도 아이는 가족의 중요한 일원이다. 식구가 모두 바쁘게 움직일 때, 움직이지 못하는 아이는 궁금한 것투성이다. 말하지 못할 뿐이다.

엄마는 말을 쌓으며 아이를 삶에 참여시킨다

엄마의 설명과 이야기는 아이에게 소속감을 느끼게 해준다. 자신의 존재를 인격적으로 인정받고 있음을 느끼게 되는 것이다. 또한 엄마가 자신과 함께하고 있음을 알게 해준다.

어떤 엄마는 요리하고 청소하는 동안 별말이 없다. 할 일을 다 마치고 나서야 아이에게 와서 말을 건넨다. 그러는 동안 감탄육아를 하는 엄마는 모든 과정을 말하면서 한다. 엄마가 지금 무슨 요리를 하는지, 어떤 재료가 들어가고 어떤 맛이 될 것 같은지를 말한다. 청소를 하면서도 여기가 얼마나 지저분한지, 우리 가족을 위해 열심히 청소하고 있다고 설명한다. 감탄사와 함께 말이다. 아이에게 엄마의 이런 말들이 쌓인다.

첫 번째 아이는 '요리도 하고 청소도 하는데 나도 봐주는 중'이라고 느낀다. 두 번째 아이는 '나와 함께 요리도 하고 청소도 하는 중'이라고 느낀다. 이 둘은 엄청난 차이다. 첫 번째 아이는 하루 중 어떤 시간에 나와 놀아주고 나를 돌봐주는 것이라 느낀다면, 두 번째 아이는 하루 종일 엄마와 '삶'을 함께한다고 느낀다.

엄마의 말은 아이 자존감의 바탕이 된다

"낑낑" 하는 작은 소리에도 반응하고, 의미 없어 보이는 행동도 포착해서 이야기로 반응하는 말 많은 엄마에게 아이는 한없는 지지를 느낀다.

"낑낑 소리가 났는데~~?! 혹시 엄마를 부른 건가? 어디 불편한 건 아닌가요? 근데 어떤 아기가 이렇게 귀엽게 낑낑 소리를 내는 거지~ 소리가 손바닥에서 난 건가~~ 간질간질 발바닥에서 소리가 나왔나?? 아~ 여기 입에서 난 소리인가?!"

아이가 낸 작은 소리에 엄마가 할 수 있는 말은 무궁무진하다. 이 말들을 따옴표로 표시했음을 주목하자. 이 말들은 엄마 생각 속에 있는 것이 아니라 입 밖으로 나와 아이에게 닿아야 한다. 아이는 작은 소리에도 엄마와 상호작용이 되고 즐거운 대화가 되는 것에 기쁨을 느낀다.

'아 나의 이런 작은 행동도 엄마가 알아주는구나.'
'이런 작은 시도도 의미가 있는 거구나.'라고 느낀다.

아이가 자존감을 갖는 것의 중요성은 더 이상 설명할 필요가 없을 정도이다. 자존감이 높은 아이는 자신의 삶을 안정적으로 성장시킬 뿐만 아니라 주변 사람에게도 건강한 영향력을 미친다. 스스로 삶을 행복하게 만드는 힘을 가지게 되며, 새로운 시도에 대한 원동력을 자기 안에 갖게 되는 것이다.

가정 안에서 안전감과 소속감을 느끼며 충분한 지지를 받고 있음을 느끼는 것이 바로 자존감 형성의 시작이다.

특히 아이가 아직 말하지 못할 때, 그때를 놓치지 말라고 강조하고 싶다. 아이가 말을 시작하기 전이야말로, 아이 몫까지 엄마가 말을 쌓아줄 때이다.

엄마의 말은 아이의 세계를 키워준다. 아이는 쌓인 말을 바탕으로 어느 날 놀라운 이해력을 보이게 될 것이다. 훌륭한 이해력을 갖게 된 아이는 엄마와 함께 육아를 쉽게 만들기 시작한다. 그렇게 되면 육아의 즐거움은 배가 되고 어려움은 현격히 줄어든다.

아이에게 무슨 말을 하면 좋을까

부모 상담을 하면 꽤 많은 부모가 이런 고민을 이야기한다.

"도대체 무슨 말을 해야 할지 모르겠어요…."

사실 대답도 없고 잘 알아듣지도 못하는 것 같은 아이에게 혼자 계속 말을 한다는 것이 쉬운 일은 아니다. 그렇다. 육아는 쉬운 일이 아니다.

그래도 희망적인 사실은 모든 것이 처음처럼 계속 어려운 것은 아니라는 것이다. 첫 시도는 어색하고 어려울지 몰라도 조금씩 노력을 쌓아가다 보면 어느새 말 많은 엄마가 되어있는 자신을 만나게 될 것이다.

- 일과 이야기해주기
- 누군가 만나러 가는 길, 만나는 사람에 대해 소개하기
- 날씨를 알려주고 이런 날씨에는 뭘 하며 놀 수 있는지 이야기 해주기
- 걸어가며 하늘의 색과 주변에 보이는 것들 이야기해주기
- 계단을 올라가며 숫자를 세어주기

- '오오', '와와', '바바', '포포'와 같은 단순한 소리를 내며 다양한 표정을 지어주기
- 아이가 하고 있는 행동을 말로 설명해주기
- 식사를 준비하며 누가 먹을 것을 어떻게 만들고 있는지 설명해주기
- 기저귀를 갈거나 옷을 갈아입힐 때, 무슨 일을 왜 하는지 아이를 보며 먼저 이야기해주기
- 친구가 찾아와 이야기 중이라면 이야기 중 한 번씩 아이에게도 친구와 한 말을 설명해주기
- 외출할 때는 어떤 일로 나가고, 그동안 누가 너와 함께 있을 것인지, 엄마는 언제 올 예정인지 말해주기
- 아이를 안고 걸을 때 안은 느낌이 어떤지, 아이를 안고 걸을 때 얼마나 숨이 찬지, 말까지 하려니 엄마가 헥헥 거리게 되는 것을 이해하기 바란다는 것까지도…

모든 것이 할 말이다.

아이에게 하면 좋은 말들을 얼마든지 더 쓸 수 있다. 말을 쌓는 것이 얼마나 중요한지, 얼마나 큰 역할을 하는지를 알게 된다면 엄마 스스로도 충분히 찾아낼 수 있다.

아이가 말을 하기 시작하면 할 말은 더 많고 다양해진다. 그런데 모든 것은 습관이고 익숙한 쪽으로 더 발달하기 때문에 말 없던 엄마가 갑자기 수다쟁이가 되는 건 쉽지 않다.

그러니 아이가 엄마 배 속에 있을 때부터 수다쟁이 엄마가 되는 것이 좋다. 아이와 엄마가 대화하는 것이 자연스럽고 당연한 습관이 되도록 말이다.

모임에 가면 아이도 모임의 멤버라는 것을 잊지 말자

우리가 친구를 만나거나 모임에 가면 자주 하는 실수가 있다. 아이를 모임의 멤버로 생각하지 못하는 것이다. 그렇다 보니 모임이 끝날 때까지 아이에게 핸드폰을 쥐어줘 버리는 일이 많이 일어난다.

네 명의 친구가 1시간을 만난다고 생각해보자. 보통은 1시간 중 15분 정도를 이야기하고 45분을 듣는 데 사용하면 가장 좋다. 물론 대화는 자유롭게 일어나기 때문에 정확하게 시간을 재는 것은 아니다. 그러나 스스로 그 정도의 비율로 듣고 말하기를 조절한다면 치우치지 않는 좋은 대화를 주고받을 수 있다.

여기에 다섯 살 아이 한 명이 동석한다면 어떨까?

아이도 한 명의 멤버로 생각하고 대화시간을 나누어야 한다.

1/5 정도의 시간은 대화 주제를 아이에게 맞춰서 아이의 관심사 등 아이와 함께할 수 있는 대화를 나눈다. 요즘 유치원에서는 무슨 놀이를 많이 하는지를 묻거나, 좋아하는 반찬에 대해 이야기해도 좋다. 아이가 휴대폰을 보며 놀고 있거나 장난감을 가지고 놀고 있다 해도 한 번씩 아이가 완전히 참여할 수 있는 주제로 아이를 참여시키는 것이다. 아이도 모임에 함께하고 있다는 것을 인정하고 존중하는 모습을 보여주는 것이다.

물론 아이는 그와 상관없이 아무 때고 대화에 끼어들기도 하고, 대답도 하지 않고 자기가 하고 싶은 것에 열중하고 있을 수도 있다. 그럼에도 불구하고 대화에 참여시키는 기회를 배분하는 것은 중요하다. 좋은 습관은 엄마가 만들어주는 것이다. 작은 경험이 쌓이는 과정이 필요하다.

아이가 엄마의 말속에 둘러싸여 크도록 하자. 자존감은 그 안에서 자란다. 말이 잘 통하는 아이, 상황 파악을 할 줄 아는 아이, 크고 작은 자기 통제를 할 줄 아는 아이, 엄마와 의논할 줄 아는 아이로 자라는 바탕이 되어줄 것이다.

정리하기

* 아이에게 말을 많이 해주는 것은 너무나도 중요하다. 단번에 되지 않는 일이니 미리 연습하는 것이 좋다.

* 엄마의 말 속에서 아이는 자존감을 키우며 삶에 참여하게 된다. 구경하는 아이와 참여하는 아이는 크게 다르다.

* 아이가 어릴 때부터 인격적으로 존중하며 설명해주고 모임에 참여시키는 것이 좋다.

* 오늘부터 말 많은 엄마가 되기를 다짐하고 연습하자.

안전감을 느끼게 해주기

: 다양함이 폭우처럼 쏟아지면 공격처럼 느껴진다

아이가 태어나 우유만 먹다가 이유식을 시작하면 엄마의 열정이 다시 한번 타오른다. 바로 다양한 종류의 이유식을 먹이기 위한 노력이다.

미음으로 조심스럽게 시작한 이유식을 꿀꺽꿀꺽 잘 먹어주면 그다음부터는 이것저것 골고루 먹이기 위해 노력을 쏟는다.

모든 엄마는 아이에게 건강하고 좋은 영양소를 골고루 먹이고 싶다. 이 마음의 바탕에는 엄마의 사랑이 있다. 엄마는 다양한 방법으로 아이에게 사랑을 표현하는 것이다. 그런데 종종 이런 고민을 듣는다.

"이유식을 잘 먹던 애가 갑자기 안 먹어요. 왜 그러는 걸까요."

대부분의 이유는 너무 많은 재료를 한 번에 섞어서이다. 다양하게 넣은 재료를 빼고 간단한 맛을 만들면 대체로 다시 잘 먹는다. 아이가 잘 먹기 시작하니 기쁜 엄마는 자꾸 좋은 재료들을 추가하는데, 아이는 특징을 잃어버린 맛에 거부감을 느끼게 되는 것이다.

이유식에는 쌀 외에 한두 가지, 많아도 세 가지까지만 넣는 것이 좋다. 간이 적은 이유식에 많은 것이 섞이면 불편한 맛이 되기 쉽다. 게다가 이제 막 맛을 느끼기 시작한 아이에게 어떤 재료에 익숙해질 틈도 없이 계속 새로운 자극이 들어오는 것은 피곤한 일이다.

아이가 다양한 것을 경험하는 것은 중요하다. 경험의 힘은 강력하다. 그러나 많은 재료가 섞인 이유식이 거북한 것처럼, 다양함이 폭우처럼 한 번에 쏟아지면 공격처럼 느껴질 수도 있다. 충분히 안전감을 느낄 수 있도록 해주는 것이 먼저이다.

안전감을 주는 첫 번째 방법, 엄마의 설명

다시 강조하지만 '말 많은 엄마가 되어야 한다'. 아이가 세상에 태어나서 가장 안전감을 느끼는 대상은 엄마이다. 뱃속에서 함께 지낸 세월을 생각하면 당연한 일이다. 그런 엄마가 나긋나긋 설명해주는 이야기를 통해 아이는 편안함을 느끼며 세상과 소통해 나간다.

두 번째 방법, 계단 만들어주기

목적지로 가기 위해서는 아이의 보폭에 맞는 계단이 필요하다. 한걸음에 목적지에 가긴 힘들다. 고기를 잘 못 먹는 아이가 잘 먹기 위해서는 계단이 필요하다. 목적지에 자연스럽게 닿도록 어떤 계단을 놔주면 좋을까?

- 가능한 부드러운 부위를 구입한다.
- 한입 크기로 잘라준다.
- 다진 고기를 사용한다.
- 고기국물을 충분히 활용한다.

어떤 아이는 고기가 너무 질지지만 않으면 바로 잘 먹는다. 그런데 내 아이가 여전히 고기 먹기를 어려워한다면, 더 작게 잘라줘보거나, 볶음밥에 다진 고기를 넣어 조금씩 고기 맛을 익힐 수 있게 해주어야 한다. 그것도 어려워하는 것 같으면 더 작은 계단을 하나 놔준다. 고기국물을 충분히 활용하는 것이다. 천천히 익숙해지며 목적지로 갈 수 있도록 도와주는 것이다.

세 번째 방법, 모델링 : 시범 보여주기

엄마가 먼저 맛있게 고기 먹는 모습을 보여준다. 아이가 천천히 목적지로 갈 수 있도록 보여주고 또 보여주며 익숙해지도록 도와준다.

아이에겐 엄마가 세상의 기준이다. 엄마가 하는 모습을 보고 자신도 한발을 조심스레 내딛게 되는 것이다.

네 번째 방법, 잦은 자극을 주의하기

다양성을 키우는 것도 중요하지만, 매일 새로운 것을 경험한다면 숨가빠진다. 차근차근 아이의 속도를 이해하고 조절하는 것이 필요하다.

이런 주말을 한번 상상해보자.

친구 부부와 공원으로 놀러 가기로 했다. 아이는 처음 가보는 공원이다. 때마침 친구 부부에게도 또래 아이가 있어서 함께 놀면 좋을 것 같다. 첫 만남에 반갑다고 친구 부부는 장난감 선물을 했고 기쁘게 받았다. 아이가 처음 보는 장난감이다. 이내 돗자리를 펴고 이야기보따리를 풀었고, 아이들은 뛰어놀았다. 근처 음식점으로 가서 같이 저녁을 먹었다. 아이가 처음 먹는 메뉴이다.

이런 시간을 갖는 것이 문제라는 것은 절대 아니다. **다만 그 일과 안에 아이가 안전감을 느낄 수 있는 요소를 살피는 것은 꼭 필요하다.**

아이에게는 '처음'인 게 너무 많은 일정이다. 호기심은 즐거움을 만드는 요소이기도 하지만 안전감이 바탕이 되지 않으면 위협으로 변하기도 한다.

처음이 많은 저 환경에서 아이에게 안전감을 주려면 어떻게 하면 좋을까?

시작은 엄마의 충분한 설명이다.

먼저, 새로운 사람을 만나기 전 일정에 대해 아이에게 충분히 이야기한다. 어떤 사람들을 만날 것이며 어디에 가서 어떤 하루를 보낼 예정인지 함께 이야기하여 아이가 상상해볼 수 있게 하는 것이 좋다. 아이가 아직 말을 못 하는 나이라 해도 여전히 엄마는 이런 설명을 해야 한다.

다음은 계단 만들기이다.

아이가 조금씩 적응할 수 있도록 도와주는 것이다. 보통은 이렇게 만나면 또래 친구를 만났으니 둘이 잘 놀라고 하기 쉽다. 하지만 어른도 처음 본 사람과 갑자기 웃으며 공놀이를 하는 것은 쉬운 일이 아니다.

엄마 옆자리나 무릎 위처럼 아이가 가장 앉고 싶어 하는 자리에 앉아서 분위기를 익히는 시간의 계단이 필요하다. 친구와 함께 공놀이를 하게 하고 싶다면 그냥 공을 던져주고 말 것이 아니라, 엄마나 아빠가 함께 공놀이를 하며 안전한 환경 속에서 새로움을 경험해갈 수 있도록 하는 것이다.

익숙해지면 어른들은 쳐다도 안 보고 뛰어노는 순간이 온다. 다만 어떤 아이는 그 순간으로 바로 뛰어 올라가는 성향이지만, 어떤 아이는 얕은 계단을 밟으며 올라간다. 그것을 파악하고 편안하게 갈 수 있도록 돕는 것이 엄마이다. 어른들의 즐거움을 위해 아이를 급하게 상황 속으로 밀어넣거나 혹은 아이가 조용히 있기만을 바라며 핸드폰을 쥐여주지 않도록 주의하자.

새로운 장난감을 선물 받았다면 먼저 함께 고마움을 표현한다. 간단한 장난감이 아니라면 집에 가서 같이 놀도록 잘 챙겨두겠다고 이야기하고 안 보이는 곳에 넣어놓는 것도 좋다. 이미 놀 것이 충분하기 때문에 새로운 자극 하나를 또 추가할 필요가 없다.

물론 아이가 너무 원하거나 같이 가지고 놀기 위한 장난감이라면 이야기가 다르다. 유연하게 대처하되 아이의 호흡을 읽는 것은 엄마의 몫이고 능력이다.

재미는 있었지만 하루 종일 새로운 자극이 너무 많았다면 새로운 음식 앞에서 거부를 보일 수도 있다. '골고루 싹싹 잘 먹는 아이'를 욕심내지 말고, 아이가 가장 편안해하는 반찬 한 가지 정도만 골라서 잘 먹도록 도와주는 것도 좋은 방법이다. 또는 아이가 좋아하는 반찬을 미리 준비해 가는 것도 좋다. 무의식적으로 느끼는 새로움에 대한 스트레스를 조절해주는 것이다.

새로운 자극이 많았던 다음날은 가족끼리 집에서 익숙한 장난감으로 충분한 시간을 보내며 노는 것도 좋다. 아이가 많은 사람과 놀던 분위기를 계속 원한다면 할머니할아버지나 친척, 가까운 친구 등 익숙한 사람과의 시간으로 만들어주는 것이 좋다.

기억해야 할 것은 다양성 이전에 안전감이 먼저라는 것이다.
안전감 속에서 하나씩 새로움을 경험하는 것은 즐거움이 된다. 그 일이 즐겁게 일어나면 아이의 영역이 넓어지는 것으로 연결된다.

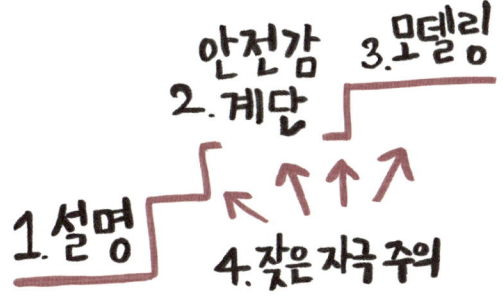

정리하기

* 다양한 경험은 중요하지만 안전감이 없으면 경험은 공격이 된다.

* 엄마의 충분하고 다정한 설명이 안전감의 시작이다.

* 안전감을 만들어주는 4단계를 기억하자.
  충분한 설명 -> 안전감 계단 -> 모델링 -> 잦은 자극 주의

* 안전감이 바탕이 돼야 아이는 다음으로 도전하기를 즐길 수 있다.

사랑의 표현도 다양하게

: 지금은 충만하고 다양하게 사랑받아야 할 때이다

아이는 누구에게 가장 많은 사랑을 받을까?

답은 단연 엄마아빠에게 일 것이다. 그럼 아이는 엄마아빠로부터 어떤 방식의 사랑을 받고 있을까?

엄마는 아이에게 온 세상이자 세상을 바라보는 통로이다. 즉 엄마가 주는 사랑의 방식이 아이에게는 그냥 '사랑'이 된다. 학부모 클래스에서 만난 한 엄마는 본인이 사랑을 많이 받고 자라지 못했다고 했다.

"우리 엄마는 진짜 무뚝뚝한 사람이었어요. 사랑을 잘 표현하지 않으셨죠. 그게 참 아쉬워요. 그래도 우리 엄마가 밥 하나는 정말 잘 챙겨주셨어요. 아침점심저녁 밥상은 꼬박꼬박 차려주셨으니까요. 그래서 저도 우리 애들, 다른 건 못해줘도 밥 하나는 꼭 직접 챙겨요."

이 엄마는 밥으로 사랑을 표현한다. 그렇게 받았고 그렇게 다시 준다. 꼬박꼬박 차려지는 밥상을 사랑으로 인식했음에도 불구하고 "아쉽다", "많이 받지 못했다"라고 표현한 이유는 사랑의 표현에는 더 많은 종류가 있다는 것을 알게 되었기 때문일 것이다. 직접 경험해보지 못해서, 아이에게 다양한 사랑을 주는 것이 어색한 상태임을 느꼈기 때문일 것이다.

할 수 있다면 다양한 방법으로 아이에게 사랑을 표현하고 알려주자.

다양한 방법으로 사랑을 표현하는 것은 중요하다

게리 체프만 박사는 《5가지 사랑의 언어》라는 책에서 우리가 사랑으로 느끼는 요소를 알기 쉽게 구분했다. 그 5가지는 '인정하는 말, 함께하는 시간, 봉사, 선물 그리고 스킨십'이다.

'내가 아이에게 사랑을 충분히 주고 있는가'를 점검해보려 한다면 이 5가지에 비춰보면 좋다.

1. 인정하는 말

아이를 인정하는 말을 많이 하고 있는가. 인정하는 말은 단순한 칭찬보다 농도가 좀 더 깊다.

"와~ 정말 멋지다~ 엄마는 OO이가 이렇게 잘해줘서 정말 기분이 좋아. 넌 정말 멋져!"
"이야~ 이제 신발도 혼자 신는 거야? 정말 많이 컸다! 멋지게 커줘서 고마워~"

아이가 한 행동이나 아이의 존재 자체를 인정하는 표현을 '언어'로 직접 전달하는 것이다. **사랑을 은연중에 느끼는 것과 직접 들으며 느끼는 것은 전달되는 정도가 아주 다르다.** 우리가 배우자나 부모에게도 사랑과 감사의 표현을 언어로 전달해야 하는 이유가 여기에 있다.

"이렇게 나랑 같이 살아줘서 고마워. 당신이랑 같이 있으면 내 마음이 정말 편해져."

저녁시간 나란히 앉은 소파에서 부부가 이런 대화를 나누는 장면이 드라마 속에만 있어서는 안 된다.

"이렇게 아이 낳아 키울 수 있는 건 다 엄마아빠가 저를 잘 키워 주셨기 때문이에요~ 참 감사해요~."

쑥스러운 그 이야기를 입으로 꺼내 전달하는 것이다. 우리 아이에게도 그리고 소중한 우리의 사람들에게도. 아이는 자신에게 언어로 표현된 사랑을 받으며 사랑을 느낀다. 또한 다른 사람에게 사랑을 표현하는 엄마를 보며 사랑을 나누는 방법을 배운다.

2. 함께하는 시간

두 번째, **함께하는 시간은 단순히 한 공간에 함께 있음을 뜻하는 것이 아니다. 상대에게 완전히 몰입한 시간을 말한다.** 우리의 경계 대상 1호는 핸드폰이다. 핸드폰 속 많은 소통 때문에 아이와의 온전한 소통을 놓치는 경우가 너무 많다.

한번은 아이가 워터파크에 모래놀이를 갔다 오면서 너무너무 행복하다고 말한 적이 있다. 사실 모래놀이는 집 앞 놀이터에서도 많이 했었다. 아무래도 워터파크는 분위기도 신나고 물놀이도 할 수 있고 모든 환경이 아이를 신나게 했구나 생각했다.

그런데 조금 더 생각해보니 공간만의 차이는 아니었다. 엄마아빠가 모두 핸드폰은 가방에 넣어두고 신나게 함께 논 시간이었다. 두 가지 포인트가 있다. '완전히 몰입했다는 것'과 '함께 즐겼다는 것'이다. 그렇게 몰입해서 함께 놀 수만 있다면 사실 아이에게는 집 앞 모래밭도 충분히 신나고 행복한 공간이 된다.

지금은 핸드폰의 역할이 너무 크고 다양하기 때문에 각오가 필요한 일이다. 특별한 조처를 하지 않으면 어느새 또 핸드폰을 들고 있게 된다. 궁금한 것을 찾아봐야 하고, 아이 사진을 찍어야 하고, 급한 연락에는 답도 해야 하고, 단체 채팅도 진도를 따라가야 한다.

그러나 육아를 할 때에 핸드폰을 내려놓고 완전히 몰입하여 아이와 시간을 보내는 것은 꼭 필요하다.

일정 시간 동안은 핸드폰을 아예 사용하지 않도록 정해둔 공간에 놓아두고 아이에게 몰입하는 '함께하는 시간'을 갖자. 그것이 아이에게는 사랑으로 전달될 것이다.

3. 봉사와 선물

세 번째 사랑의 언어는 봉사이다. 육아는 봉사의 결정체 같은 일이다. 하나부터 열까지 아이를 대신하고 아이를 위해 움직인다.

우리가 봉사할 때 한 가지 스스로 체크해 봐야 할 것이 있다면, 그것은 바로 봉사자의 마음이다.

봉사는 그에 상응하는 대가를 바라지 않는다. 아니 대가를 바란다면 그것은 봉사라고 불리지 않는다. 봉사는 기꺼이 상대를 위해 애쓰는 마음이다.

'내가 너에게 이렇게까지 하는데…', '다 내덕인 줄 알아라' 이런 마음을 가진 봉사는 불편함을 준다. 우리가 아이에게 하는 봉사가 대가를 바라지 않는 아이를 위한 기쁜 마음일 때 그것이 사랑으로 전달된다.

네 번째는 선물이다. 빈 몸으로 태어난 아이는 하나부터 열까지 필요한 것투성이다. 그런데 우리가 생필품을 사는 것을 '선물'이라고 이야기하지는 않는다.

'넌 모든 게 새것인데 무슨 선물이 또 필요해…'라고 생각하면 안 된다. 선물에는 특별히 그 사람을 생각하며 준비하는 마음이 담겨있다. **선물이 기쁜 건 꼭 필요가 채워져서가 아니다. 선물에 담은 마음이 전달되기 때문에 기쁨이 된다. 아이가 그것을 느낄 수 있도록 해주는 것이다.**

선물을 통해 사랑을 표현하는 법, 그것을 고르고 준비하는 과정에 마음을 담는 법, 그렇게 다른 사람에게 또 나누는 법을 배운다.

가끔은 특별한 이유를 담아 정성껏 포장한 선물을 건네자. 아이는 신나 하고 궁금해 할 것이다. 그리고 진짜 궁금한 건 '왜'일 것이다. 이 선물을 지금 왜 주는 것인지. 선물을 주는 이유를 듣는다는 건 또 한 번 사랑의 표현을 말로 듣는 기회가 된다.

아이 손을 잡고 함께 다른 사람의 선물을 고르자. 사랑을 받은 만큼 표현하는 법도 함께 익히는 좋은 기회이다. 모든 것이 별거 아닌 일처럼 넘어가게 하는 것은 좋지 않다. 아이의 삶 속에 신나는 이벤트들이 있도록 해주는 것이다. 꼭 대단하고 화려해야 하는 것은 아니다. 마트에 가서 장을 보는 마무리에 내일 만날 친구에게 선물할 특별한 캔디 하나를 고르는 것으로도 충분하다.

4. 가장 확실하고 깊은 사랑의 표현, 스킨십

마지막 사랑의 언어는 스킨십이다. 아이를 키우다 보면 키운 정이 쌓여 더욱더 아이를 사랑하게 된다. 그런데도 스킨십은 조금씩 줄어든다. 갓난아이였을 때에는 수시로 안아주고 쓰다듬고 만지며 사랑을 표현한다. 그런데 아이가 커 가면서 스스로 할 수 있는 일이 많아지기 시작하면 스킨십도 자연스럽게 줄어든다. 걷기 시작하면 안아주는 시간도 줄어들고, 직접 손이나 입을 닦아주며 자연스럽게 스킨십 할 기회도 줄어든다.

커 가는 아이와 지속적으로 스킨십을 나누는 것을 자연스럽게 해야 한다. 스킨십은 아이가 가장 먼저 배운 사랑의 언어이기 때문이다. 아이와 하이파이브를 하거나, 칭찬의 순간 말과 함께 등을 어루만져주기, 만나고 헤어질 때 포옹 나누기, 장난스럽게 몸을 비비며 놀기 등 자연스러운 스킨십을 자주 나누어야 한다.

다양한 사랑의 언어를 사용하며 아이가 충만한 사랑 가운데 있도록 하자. 사랑이 많은 아이가 또 많은 사랑을 나누며 따뜻한 영향력을 나타내게 된다.

조부모와의 시간은 아이의 틀을 사랑 안에서 넓혀준다

엄마아빠의 사랑과 더불어 아이가 다른 가족에게 사랑받을 기회를 많이 만드는 것이 좋다.

할머니할아버지, 이모나 고모 같은 가까운 가족과의 시간이 그렇다. 때로는 그들의 방식과 행동이 부모가 해오던 것과 달라 고민하는 엄마도 만난다. "할머니 집에만 가면 아이가 맘대로 하니 지금까지 지켜온 리듬이 깨져요"와 같은 고민도 종종 듣는다.

아이는 어차피 부모의 틀을 벗어나게 되어 있다. 가족은 큰 사랑이 바탕이 되는 아주 안전한 대상이다. 그곳에서 틀을 벗어나 보는 것은 아주 좋은 기회이다. 늘 해오던 리듬을 지키기 위해 다양한 방식의 사랑을 받을 기회를 없애서는 안 된다.

유명한 상담자 요한 크리스토프 아널드는 자신의 책에서 할머니할아버지를 아이들의 오아시스라고 표현하기도 했다. 아이는 조부모를 만나면 그 관계 속에서 새로운 시도를 즐기며 충만한 사랑을 느낀다. 직접 만나는 기회를 자주 갖는 것이 가장 좋지만, 그럴 수 없는 환경이라면 전화를 하거나 마음을 담은 선물을 보내는 등 간접적 접촉의 기회라도 만드는 것이 좋다. 가족이라는 공동체를 인지하고 사랑을 나누고 표현하며 커다란 한팀이라는 느낌이 들도록 말이다. 아이는 모든 순간 배운다. 사랑을 배우고, 마음을 표현하는 법을 배우고, 함께 사는 법을 배울 것이다.

생각해보기

* 내가 가장 많이 사용하는 사랑 표현의 방법은 무엇인가?

* 조금 더 늘려보고 싶은 사랑 표현의 방법은 무엇인가?

* 아이와 충분한 스킨십을 가지고 있는가?

* 아이가 충분히 안전감을 느낄 수 있는 다른 가족과의 시간을 보내는가?

부모의 리더십 단계

: 친구 같은 부모, 그러나 리더십은 확실하게 부모에게
 있어야 한다

감탄육아는 아이 삶의 평가자가 아닌 참여자로 자리한다. 판단하거나 평가하려 들지 않고 아이를 존중하며 함께 생각하고 결정을 만들어나간다. 아이가 충분히 그럴 수 있도록 편안한 환경을 만들고 지지한다. 아이와 함께 웃고 함께 놀며, 친구 같은 관계를 맺으며 생활한다.

그러나 분명한 것은 삶 전반을 결정하고 운영하는 리더십은 확실하게 부모에게 있어야 한다는 것이다.
아이가 집안의 대장처럼 행동하고 부모는 쩔쩔매는 관계가 되어서는 안 된다. 엄마의 자리를 참여자로 둔다는 것이 아이에게 주도권을 내주고 오냐오냐 하며 모든 것을 아이가 선택하고 자유

롭게 하도록 도우라는 것이 결코 아니다.

함께 구르며 장난치고 저녁 메뉴는 결국 아이가 원하는 메뉴를 선택한다고 하더라도, 전체를 관장하고 흐름을 만드는 것은 부모이다.

가정의 규칙을 정하고 어떤 일을 허락하거나 거절하는 일, 전체 상황을 고려해서 하루의 일과를 결정하고 아이가 선택할 수 있는 것을 선택하도록 허가하는 것도 결국은 부모이다.

부모의 리더십에도 단계와 수준이 있다

사실 어떤 육아 스타일을 갖든 모든 부모는 리더이다. 부모는 어떤 형태로든 리더십을 갖는다. 그러나 리더십에도 단계와 수준이 있다.

리더십의 대가인 존 맥스웰 박사는 리더십을 5단계로 나누어 설명하였다. 리더십 5단계를 부모에게 적용하면 다음과 같다.

리더십 1단계

리더십의 가장 아래 단계는 바로 지위에 의해 '주어지는' 리더십이다.

그 사람을 인정하거나 존경하는 것, 긍정적 영향을 받고 있는 것과는 별개로 그냥 위치가 있기 때문에 좋든 싫든 따르는 단계이다. 다시 말해 부모가 좋은 육아의 기술을 사용하지 않고 명령어로 가득한 육아를 한다 해도, 아이는 부모를 따를 수밖에 없다. 부모이기 때문에, 아이의 위치는 약자이기 때문에 말이다.

그러나 리더십 1단계는 지위로 인한 '주어진' 리더십이기 때문에 스스로에게 선택권이 생기면 리더를 쉽게 떠난다. 부모의 리더십이 1단계에만 머문다면, 아이가 조금만 힘이 생겨도 금방 말을 안 들어 씨름하는 일이 잦아지게 된다. 결국 리더는 주어진 지위를 바탕으로 좋은 관계를 쌓아 다음 리더십 단계로 올라가야 한다.

리더십 2단계

리더십 2단계는 관계를 바탕으로 생기는 리더십이다.

쉽게 말하면 부모가 좋아서 따르는 것이다. 나를 지켜주고 지지해주는 사람이라는 확신 속에서 엄마아빠를 따르며 삶에서 경험하게 되는 새로운 것이 즐거운 상태이다.

리더십 3단계

한 단계 더 올라가 리더십 3단계는 부모가 단순히 좋기만 한 것이 아니라 멋지게 보이기 시작하는 것이다.

놀이를 하다가 잘 안 되는 것이 있으면 들고 엄마아빠에게 뛰

LEVEL 5 존경받는 리더십	진심으로 존경해서!	**부모의 인품과 헌신을 존경하며 따르는 단계** 자녀의 바른 성장을 위해 많은 시간 헌신하고 희생하는 부모의 마음을 느끼며 깊이 감사하게 된다. 살면서 경험하는 부모의 인품을 진심으로 존경한다.	
LEVEL 4 인재양성 리더십	나를 이끌어줘서!	**나를 훌륭하게 이끌어준다고 느끼며 따르는 단계** 부모의 어떤 말이나 행동은 나를 위한 것임을 느끼며 부모를 벗어나지 않고 그 안에서 계속 따르며 성장하기를 스스로 선택한다.	
LEVEL 3 성과 리더십	부모가 멋져서!	**부모의 능력, 성과를 멋지게 생각하고 따르는 단계** 질문을 하면 막힘없이 답을 해주고 위험한 순간엔 지켜주기도 하는 부모를 대단하게 생각한다. 부모와 함께 어떤 일을 시도했을 때 즐겁게 성공하는 경험 등을 통해 계속해서 따르고 싶은 마음이 생긴다.	
LEVEL 2 관계 리더십	부모가 좋아서!	**좋은 관계를 바탕으로 아이가 원해서 부모를 따르는 단계** 나를 사랑해주고 지켜주는 사람이라는 신뢰를 가지며, 엄마아빠와 함께하는 것을 즐거워하고 그 말을 따라야 한다고 스스로 생각한다.	
LEVEL 1 지위 리더십	부모 이니까!	**부모라는 위치 때문에 따르는 단계** 부모가 이 위치에서 권력을 행사하려 하면 할수록 아이는 이탈하고 싶은 마음이 커진다. 관계를 쌓으며 더 높은 리더십 단계로 올라가는 것이 중요하다.	

존 맥스웰 박사의 리더십 5단계를 바탕으로 한 부모의 리더십 단계

어간다. 신기하게도 엄마아빠는 척척 잘도 해결해준다. 아이의 질문에 막힘없이 대답을 해주기도 하고 여러 가지 일을 해내면서도 아이를 보며 부드러운 표정을 짓는 여유를 보이기도 한다. 같이 신나게 뛰어놀다가도 어느 순간은 프로페셔널하게 일을 하고 사람들과 멋진 말투로 대화를 나누기도 한다. 아이는 이런 엄마아빠가 멋지고 대단해 보이며 닮고 싶어진다.

리더십 4단계

리더십 4단계는 나를 이끌어주고 성장시켜주는 사람이라고 생각하여 따르는 단계이다.

엄마아빠의 말을 듣는 것이 단순히 지휘에 의해 어쩔 수 없이 따르는 것(1단계)이 아니라, 엄마아빠 말을 들으면 결국 내가 잘되는 길이라는 것을 인지하며 나오는 충성심의 단계이다.

부모가 자녀에게 어떤 요구를 할 때 그 이유를 충분히 설명하고 아이의 의견을 수렴하며 함께 결정해간다는 것을 아이가 경험해야 한다. 4단계는 단순히 한두 번의 시도로 만들어지는 단계가 아니다. 오랜 기간 지속적으로 그러한 모습을 보여주었을 때 이 단계의 리더십으로 올라오게 된다.

리더십 5단계

마지막 리더십 5단계는 부모 삶의 많은 부분을 직접 보고 겪으면서 부모의 인품과 헌신 그리고 깊은 사랑에 대해 존경과 감사를 느끼며 다다르는 단계이다.

아이를 존중하고 삶에 참여시키며 그 안에서 좋은 성장이 일어나도록 돕는 일은 높은 리더십 수준을 요구하는 일이다.

리더십 1단계로 시작했지만 아이와 인격적인 관계를 쌓고 존중하며 삶에서 꾸준한 모범을 보일 때, 아이는 부모를 이탈하지 않고 더더욱 따르고 싶어 하는 상위단계의 리더십으로 올라가게 된다.

1단계 리더십에 안주하지 말고 5단계로 향하자

감탄육아를 하면 육아 중 아이에게 큰소리 낼 일이 현격하게 줄어든다. **부모가 감독관이 아니라 자신과 함께하며 지켜주는 사람이고, 가능한 일은 충분히 자신이 해볼 수 있도록 이끌어주는 사람이라는 것을 확실히 인지한 아이는 부모를 완전하게 리더로 인정하고 존중하기 때문이다.**

부모라는 위치로 그냥 그 모든 일이 일어나기를 바란다면 1단계를 벗어나기 어렵다. 우리가 부모라는 위치에서 강압적이거나 지배적인 모습으로 일관하면 안 되는 이유가 여기에 있기도 하다.

먼저 아이를 인격적으로 존중하고 충분히 배려하는 노력이 들어갈 때 부모의 리더십은 단단하고 바로 세워진다.

부모와 자녀의 관계는 단기간에 끝나는 관계가 아니다.
회사에서는 리더와 마음이 영 맞지 않으면 조직을 옮기면 그만이지만, 부모자녀 관계는 그도 어렵다. 결국 해결하고 회복하며 다시 관계를 쌓아가야 하는 것이 부모자식간이다. 전 생애에 걸쳐 우리는 5단계의 리더십을 향해가야 하는 것이다.

생각해보기

* 부모로서 나의 리더십 단계는 몇 단계일까?

* 자녀로서 나의 부모를 몇 단계 리더로 바라보고 있는가?

* 나의 부모에게 배울 점과 아쉬운 점을 생각해보고 나의 육아에 밑거름이 될 수 있도록 적용해보자.

* 우리는 긴 삶을 아이와 함께하며 리더십 5단계를 향해 가야한다.

아이의 놀이환경 만들기

: 놀이시간은 아이의 리더십이 자라는 시간이다

　육아를 하면서 우리는 어떤 시간에는 아이에게 확실하게 리더십을 넘겨줌으로써 아이의 주도성과 잠재력이 피어날 수 있도록 해야 한다. (권한을 위임하고 일정 부분 확실하게 주도권을 넘겨주는 것을 임파워링(empowering)이라 한다. 확실한 임파워링은 좋은 리더의 특징이다.)
　그럼 삶의 어떤 장면에서 아이에게 리더십을 넘겨주면 좋을까? 리더십을 넘겨주기 좋은 시간은 바로 아이의 놀이시간이다.

아이에게 주도권이 있는 시간임을 알려주기

　놀이시간에 아이에게 리더십을 넘겨준다는 것은 단순히 아이

마음대로 놀도록 놔두는 것을 말하는 것이 아니다. 이 시간 동안 아이가 리더십을 가지고 마음껏 운용해도 좋음을 인지할 수 있도록 먼저 알려주는 것이 좋다.

"이제 놀이시간 동안은 OO이가 하자고 하는 대로 엄마가 할게."
"놀이시간의 모든 규칙은 OO이가 만들어 볼래?"

아이의 발달 수준에 맞는 표현으로 아이가 주도권을 갖는 시간임을 알 수 있도록 해주는 것이다.
 어린이집이나 유치원에서 선생님과의 관계에 익숙하다면, "놀이시간에는 OO이가 선생님이야~"라고 해보는 것도 좋다.
 매 놀이시간마다 이렇게 말하고 시작할 필요는 없지만 초반에 몇 번은 정확하게 이 시간의 리더십이 본인에게 있음을 알게 한다. 이렇게 하면 아이가 암암리에 리더십을 갖는 것이 아니라 인지적으로 리더십을 갖게 된다.

함께 놀이하며 좋은 팔로워 되기

아이가 신나게 리더십을 발휘해볼 수 있도록 엄마아빠는 완전하게 아이의 팔로워가 되어야 한다. 아이와 함께 놀며 아이의 리드를 따르는 것이다. 또한 아이가 여러 가지 시도를 해볼 수 있도록 돕는 것도 부모의 역할이다.

예를 들면 "기차놀이 다 하고 나면 그림 그리기 놀이해도 될까?"라고 물으며 놀이의 순서나 방향의 선택권이 본인에게 있음을 인지시켜줄 수 있다.

놀이시간이 얼마나 더 남았는지 물어보며 시간을 관리하는 역할도 알려줄 수 있다. "엄마도 한번 해볼래~"라고 말하며 흥미를 보이고 허가권을 주어보는 것도 좋다.

이 과정에서 아이는 자신이 발휘할 수 있는 리더십의 범위를 천천히 맛보며 리더십을 발휘하는 방법을 배운다. 뿐만 아니라 아이의 리드에 적극적으로 움직이는 엄마아빠의 모습을 보며 리더의 말을 따르는 좋은 팔로워의 모습을 배운다.

그러니 아이의 놀이시간, 아이의 리더십이 발휘될 때 부디 좋은 팔로워가 되자. 대충대충 반응하거나 휴대폰을 보고 한쪽에 앉아만 있다면 아이도 부모와 함께하는 시간을 그렇게 보내는 아이로 커버릴지 모른다.

우리 아이는 3살 때 한참 동물로 변신하는 놀이를 좋아했다. 토끼나 개구리로 변신해서 깡충깡충 뛰어다니면서 줄곧 엄마아빠를 달팽이로 변신시켰다. 그럼 우리는 여지없이 달팽이가 되어 꾸물꾸물 움직여야 했다. 특별히 이 변신은 아빠와 씨름을 할 때

필살기로 사용했다. 아빠와 온몸으로 신나게 놀다가 어딘가 자신이 불리해지면 갑자기 아빠를 달팽이로 변신시켰다. 아빠는 많이 억울했지만 그대로 힘을 빼고 귀여운 달팽이가 되었다.

놀아주지 말고 함께 놀기

 이처럼 놀이시간에 아이에게 리더십을 준다는 것은 아이와 함께 놀이하는 것을 전제로 한다.
 엄마가 다른 일을 하는 동안 아이가 혼자 알아서 노는 것을 '아이가 마음껏 자유롭게 놀았다', '리더십을 아이에게 주었다'라고 말할 수는 없다. 이것은 엄마의 리더십 하에, 즉 엄마의 계획과 바람대로 아이가 움직인 것이다. 아이에게 리더십을 경험할 수 있게 하기 위해서는 일단 아이와 함께 몰입해서 노는 시간이 필요하다.
 '그래 같이 놀자, 엄마가 놀아줄게, 엄마가 도와줄게'라는 자세가 아니라 **'엄마도 같이 놀래!'**라고 다가가서 진짜 놀이친구가 되는 시간이어야 한다. 아이가 타고 노는 작은 자동차 장난감에 "엄마도 해볼래~" 하며 올라타는 것이다. "에구 엄마는 너무 커서 탈 수가 없네, 너무 재미있어 보였어~"라고 말하며 내리면 된다.
 치익~ 소리가 나는 부엌놀이 장난감에 흥미로운 눈빛으로 차례를 기다려 보는 것도 좋다. '놀아주는 것'이 아니라 '같이 노는 것'이다. '놀아주는 것'과 '같이 노는 것'은 천지 차이다.

놀이시간을 학습과 연결시키려 하지 말자

어느 날인가 늦은 저녁 놀이시간에 아이가 물감 세트를 들고 왔다. 15분 후면 정리하고 잘 시간이라 번거로운 일을 벌이고 싶지 않은 마음이 가득했다. "그건 내일 낮에 하는 게 어때?"라고 살짝 떠보았지만 아이는 단호했다. 아이의 시간이었고 아이의 결정대로 하는 게 맞다고 생각해서 결국 물감놀이를 시작했다.

그런데 웬일인지 아이는 바나나를 온통 빨간 물감으로 칠하기 시작했다. 아이가 하고 싶은 대로 둬야 한다고 생각하면서도 한편으로는 바나나를 노란색으로 칠하고 싶은 욕구가 따라왔다. 나는 아이가 잔뜩 칠한 빨간 바나나 사이사이의 작은 틈에 노란색을 칠했다. 그런데 갑자기 아이가 "엄마는 초록색으로 칠해" 하는 거다. "아~ 근데 엄마는 노란 바나나를 많이 봐서 노란색으로 칠하고 싶어"라고 말했다.

아이에게 리더십을 준다는 것이 무조건 아이가 하라는 대로 하는 것을 뜻하지는 않는다. 아이와 상호작용하며 의견을 나누는 좋은 팔로워의 모습을 자연스럽게 보이면 된다. 리더에게 자신의 의견을 이야기할 수도 있고, 초록색으로 칠하라는 리더의 의견이 강력하면 수용할 수도 있다.

이 모든 과정에서 아이의 학습은 자연스럽게 일어난다. 굳이 놀이시간을 이용해 무언가를 가르치려고 애쓰지 않아도 된다.

그런데 순간 나도 모르게 "바나나가 무슨 색이지? OO이 알지"라고 물어버렸다. 무엇이 걱정되었던 것일까. 자유로운 아이의 생각을 굳이 걱정으로 바라봐버린 질문이었다.

"노란색." 아이는 아무렇지도 않게 대답했다.

"근데 왜 빨간색으로 칠했어?"

"나는 빨간색을 좋아해."

"아… 그렇구나… 그러고 보니 빨간 바나나도 맛있어 보인다!"

나름 아이의 생각을 막지 않고 잘 넘어갔다 싶었는데 위기는 한 번 더 찾아왔다. 갑자기 잘 칠하던 바나나의 선을 넘어서까지 삐죽삐죽 칠하기 시작했다. 선 안으로 칠해보자고 말하고 싶은 걸 간신히 억눌렀다. 육아는 아이를 키우는 일인 동시에 우리 스스로를 키우는 일임이 틀림없다.

"이야~~ 이 바나나는 갑자기 막 커지네~"라고 일단 감탄사로 분위기를 채웠다.

어쩌면 아이가 하고 싶은 대로 하는 것을 지켜보는 것이 쉬운 일이 아닐 수도 있다. 그 순간들에 해주고 싶은 이야기, 가르쳐주고 싶은 것들, 바르게 했으면 하는 기준들이 마구 작동된다. 그러나 놀이시간을 학습으로 연결시키지 말고, 아이가 자유롭고 넓게 자신을 펼쳐갈 수 있도록 두는 것이 좋다.

아이는 우리가 생각하지도 못한 것을 스스로 상상해보고 시도해보며 학습한다. 다양하게 발현시키며 뇌 속에서 성인보다 훨씬 많은 시도들을 한다. 그 시간을 굳이 부모의 제한적 학습 안에 담을 필요는 없다. 스스로 상상하고 시도하게 하면, 어떤 날 갑작스러운 순간에 '와~ 아이가 이런 놀라운 생각을 했었구나…' '오~ 이런 것까지도 알고 있었네'라고 느끼며 놀라는 날이 있을 것이다.

정리하기

* 놀이시간을 활용해 아이가 리더십을 경험할 수 있도록 하자.
  가정에서 리더십을 경험해보지 못한 아이가 밖에서 리더십을 발휘하고 활용하기는 쉽지 않다.

* 엄마아빠는 함께 놀이를 즐기며 좋은 팔로워가 되어야 한다.

* 놀아주지 말고 같이 놀아보자. "엄마도 해볼래!"라는 표현이 도움된다.

* 놀이시간을 학습과 연결시키지 말자. 아이의 상상력과 창의성을 부모의 틀로 제한할 필요가 없다.

떼쓰는 아이, 욕구단계 먼저 체크하기

: 아이를 향해 공격태세를 갖출 필요는 없다

육아가 평화롭기만 할 순 없다. 아이가 자라면서 욕구와 의지가 생기는 것은 당연하고 그것이 늘 부모의 마음이나 상황과 맞을 수는 없다. 아이는 자신의 의견과 생각을 표현하는 방법에 아직 어리숙하다. 뿐만 아니라 엄마도 그 모든 속내를 척하고 알고 대처할 만큼 육아에 능숙하지 못하다.

더군다나 순하다고 생각했던 아이가 어느 날 갑자기 우김, 고집, 울음의 3종 콤보를 들이대면 마음이 더 어렵다.

고집을 피우기 시작한다는 것은 아이의 자아가 형성되기 시작한다는 뜻임으로 자연스럽게 받아들여야 한다. 하지만 한편으로는 '지금 이 고집을 잡아야만 한다'는 생각이 올라온다.

'이제 말 안 듣는 나이가 시작되는 건가….'
'그래! 지금 잘 잡아야지. 운다고 다 들어줄 수는 없어!'
'기싸움에서 한 번 지면 계속 지는 거야!'

이럴 만도 하다. 부모가 아이의 울음을 다 받아주거나 고집에 그대로 이끌려 다니기 시작하면 점점 더 어려운 육아가 열리는 것은 맞다.

그러나 감탄육아를 하고 있다면 아이와의 기싸움을 준비하기 전에 우리의 신념을 다시 한번 떠올려보자. **두 번째 신념, 아이는 분명 이유가 있다.**

'갑자기 왜 이래! 떼쓰면 다 될 줄 알아?'라고 단단한 방패를 꺼내들기 전에 '분명 이유가 있을 텐데!'라고 생각하며 한 번 더 쑥 다가가는 것이다.

아이 내면의 요구를 먼저 파악하자

아이가 고집을 부리는 데에는 분명 이유가 있다. 우리는 아이 내면의 요구를 파악해야 한다. 넓게 보는 힘을 발휘해 아이의 욕구단계를 먼저 살펴보자.

어린아이가 갑자기 떼를 쓰는 것은 욕구단계 중 1단계에 불편함이 생긴 경우가 많다. 욕구 1단계는 생존에 대한 욕구, 즉 호흡, 배고픔, 목마름, 졸림, 화장실에 가고 싶음과 같이 아주 기본적이고 생존에 직결되는 욕구이다.

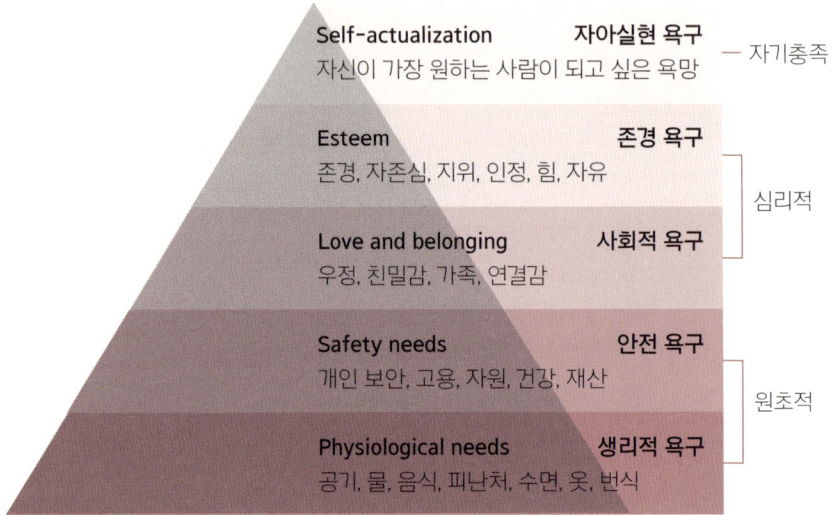

미국의 심리학자인 메슬로우(Maslow)가 정리한 인간의 심리적 욕구 충족의 단계를 간단하게 살펴보면 다음과 같다.

- 1단계 생리적 욕구 – 숨 쉬고, 먹고, 마시고, 싸고, 자는 등 생존에 관한 기본 욕구.
- 2단계 안전 욕구 – 무서움, 위협, 불안 등을 피하고 육체적으로

나 정서적으로 안전감을 느끼고자 하는 욕구.
- 3단계 사회적 욕구 – 소속감을 느끼며 기여하고자 하는 것, 함께하며 우정, 사랑, 공동체 의식을 느끼고자 하는 욕구.
- 4단계 존경 욕구 – 자기 스스로 결정하고 행동하며 성취를 이루어내고, 이에 대한 관심과 인정을 받고자 하는 욕구.
- 5단계 자아실현 욕구 – 자신의 내적 목표, 생애를 통해 이루고자 하는 일에 대한 확고한 힘을 가지고 이루어내고자 하는 욕구.

인간의 심리적 욕구단계는 하위단계를 건너뛰어 상위단계로 갈 수 없다. 하위단계가 다 충족이 되어야 하나하나 위로 올라가며 상위 욕구를 갈망하게 된다.

기싸움을 하며 자신의 의지를 고집 피우고 그것을 얻어내기 위해 떼를 쓰거나 포기하는 일은 사회적 욕구에서부터 가능하다. 즉 아이의 원초적 욕구단계인 1, 2단계에 문제가 없어야 기싸움이 가능한 사회적 욕구 이상으로 갈 수 있다는 뜻이다.

따라서 엄마는 아이와의 기싸움 태세에 들어가기 전에 아이의 생리적 욕구와 안전 욕구에 문제가 없는지 살펴야 한다. 이 욕구들은 들어주고 말고 씨름할 것이 아니라 부모로서 충분히 충족시켜줘야 하는 욕구이기 때문이다.

아이는 어디까지나 보살핌을 받아야 하는 약자이다

우리는 아이를 인격적으로 존중하며 친구 같은 관계를 갖지만 동시에 아이는 여전히 돌봄이 필요한 약자임을 잊지 말아야 한다.

하루는 물속에서 신나게 버블놀이를 하던 아이가 갑자기 씻지 않고 그대로 나가겠다며 울고불고 고집을 피웠다. 어떤 부모도 비누를 온몸에 묻힌 아이를 그대로 침대로 옮겨주지는 못할 것이다. 아이에게 설명도 해보고 안 된다고 단호하게 말도 해보았지만 아이는 더 크게 울 뿐이었다. 평소 말을 잘 듣던 아이인데 황당한 타이밍에 고집을 피우고 있었다.

"안돼! 아무리 울어도 그건 안돼! 다 울 때까지 기다릴게, 좀 진정되면 다시 이야기하자!"

단호한 말투와 함께 울음을 기다려주겠다는 메시지를 전했지만 통하지 않았다. 아이는 점점 더 울었다.

아이의 속 요구는 무엇이었을까?

신나게 물놀이를 하던 아이는 갑자기 몰려오는 졸음을 주체할 수 없었던 것이다. 지금 너무 졸린다고 스스로의 상태를 확인해서 언어로 전달할 능력이 아직 없었다. 그저 다 싫다고 손사래를 치며 울 뿐이었다.

이 상황에서 아무리 울어도 안 된다며 대치를 하는 것은 부모도 아이도 모두 힘들어지는 길이다.

1단계 욕구의 어려움을 울음이라는 수단으로 표현하고 있는 것인데, 부모가 이에 완강하게 대응하면 아이는 2단계 안전감의 욕구까지도 위협을 느끼게 된다. 그래서 더 많이 울고 목소리를 높이게 되는 것이다.

> 1단계 욕구의 어려움을 느낀 아이 [졸림]
> ⋯› 표현 [울음] ⋯› 부모의 완강한 대응
> ⋯› 2단계 안전감의 욕구마저 위협을 느낌 [부모가 나를 지켜주지 않는구나] ⋯› 더 크게 표현 [울음]

아이의 속 요구를 파악하고 하위단계의 욕구가 충족되지 않아 어려움을 느끼고 있음을 알아차려야 한다. 하위 욕구의 불편을 가장 잘 알아챌 수 있는 사람은 아이의 하루 흐름을 잘 알고 바이오리듬을 예측할 수 있는 엄마이다. 이것이 주 양육자의 파워가 된다.

우는 아이를 달래기 위해 물 안으로 들어가 아이를 안고 갑자기 너무 졸음이 오는지 물었다. 그러고는 꼭 안은 채로 몸을 살살 헹구기 시작했다.

"갑자기 너무 졸렸구나, 그냥 울기만 해서 그런 줄 몰랐어. 그래도 몸에 비누가 있으면 이대로 잘 수는 없지? 같이 얼른 씻고 자러 가자~ 엄마가 도와줄게!"

'씻고 나가야 한다'는 우리가 해야 할 일에는 변함이 없지만 아이는 이제 안전감을 느낄 수 있다.

갑작스럽게 졸음이 몰려와 1단계 욕구에 불편을 느낀 아이가 부모의 엄격한 대응에 안전 욕구까지 위협당하는 순간이었다. 그러나 아이를 안고 마음을 이해하는 말을 건네는 엄마를 통해 아이는 다시 안전감을 느낀다. 자신이 표현할 수 없던 것을 부모가 이해해주고 있다는 마음이 들면, 즉 안전감을 느끼면, 부모의 다른 행동에도 순순히 따라가도록 연결된다.

자고 싶다는 1차적 욕구가 순식간에 해결된 것은 아니지만 공감해주고 방법을 찾아주는 부모를 통해 안전감을 얻고 자신의 1차적 욕구가 머지않아 해결될 것을 느끼는 것이다.

이겨보는 경험을 갖는 것은 중요하다

한번은 아이가 옷을 입다 말고 이상한 고집을 피웠다.
옷에 팔을 한쪽만 넣고는 다른 한쪽은 안 넣겠다고 우긴다. 빨리 나가야 하는데 아이는 배꼽이 다 보이게 옷을 걸치고 도망다닌다. 엄마는 장난으로 웃어 넘겨줄 여유가 없다. 아이는 가만히 엄마의 표정을 살피며 계속 밀고 나간다.

어떻게 하면 좋을까?

동일하게, 가장 먼저는 1차나 2차의 기본 욕구의 문제는 아닌지 확인해야 한다.

> "혹시 너무 더워서 손을 못 넣는 거야? 더 얇은 옷을 골라볼까?"
> ⋯▸ "아니야!"
> "옷이 어디 따갑거나 불편한 게 있어? 엄마가 봐줄까?" ⋯▸ "싫어! 그냥 손 안 넣을 거야!"

사실 굳이 묻지 않아도 이런 이유가 아니라는 것을 알 수 있다 해도 아이와 이런 의사소통 단계를 거치는 것은 의미가 있다. 이를 통해 엄마가 여전히 너의 기본적 욕구를 신경 쓰고 있음을 알게 할 수 있다. 아이에게는 엄마에 대한 신뢰가 쌓이고 신뢰가 두터운 관계에서는 말도 안 되는 고집이나 떼가 줄어들게 된다.

일단 1, 2차 욕구의 문제는 아닌 듯하다. 원초적 욕구는 충족된 상태에서 더 고차원적인 욕구를 채우기 위한 시도인 것이다. 엄마와 팽팽하게 맞서 자신의 의견이 수용되길 바라며 말 그대로 '한번 해보는 중'인 것이다.

'이상한 행동인 줄 알면서도 한번 해보는 것'의 가장 큰 이유는 자신의 뜻이 수용되기를 바라는 마음, 엄마가 자신에게 져주기를 원하는 마음에 있다. 이를 통해 아이는 상위단계의 욕구를 살짝 살짝 맛보는 것이다.

감탄육아를 하는 엄마라면 아이가 원하는 것을 얻을 수 있도록 해주는 것이 좋다. 10번이면 10번 다 그럴 수는 없어도 큰 문제가 없다면 원하는 대로 하게 하는 것이다.

제압을 통해 학습을 이끄는 것이 아니라 선택과 책임을 경험하게 하며 학습을 이끄는 것이다.

"오케이! 정말 손 하나만 넣고 나가고 싶어? 그럼 엄마는 조금 창피하지만 너 하고 싶은 대로 해보자."

아이는 배꼽을 내놓고 뿌듯해하며 신발을 신고 밖으로 나간다. 그러고는 문밖을 나가자마자 한 손을 마저 넣고 싶어 할 것이다. 욕구의 충족을 맛본 아이는 더 이상 이상한 모습을 하고 싶지는 않기 때문이다.

선택에 대한 책임을 '보복'의 용도로 사용하지 말자

아이의 고집과 우김에 한 발자국 뒤로 물러서며 지는 모습을 보여준 부모가 주의해야 할 점이 있다. 아이의 고집스러운 행동에 대한 불편한 결과를 보복의 용도로 사용하며 책임을 가르치는 것은 피해야 한다.

"손 하나만 넣겠다고 하면서 말 안 들었지? 끝까지 그렇게 하고 가! 옷 입기만 해 아주~!!"

이런 태도는 정말 피해야 한다. 절대 져주지 않으면서 주도권을 잡으려 하는 것은 좋지 않다. 져주고, 들어주고, 지지해주는 것을 기반으로 좋은 선택을 해나갈 수 있도록 도와야 한다.

아이가 뿌듯해하며 엄마를 이겨보고 나서야 옷을 고쳐 입고 나면, 그때 엄마는 엄마의 생각을 말할 수 있다.

"옷을 그렇게 입고 나와 보니 어때?"
"재미있었어."
"재미있었구나~ 근데 아까 너무 바쁘게 준비해야 하는데 네가 그러니까 엄마는 좀 힘들었어. 너무 바쁠 때는 너도 나갈 준비를 같이 잘 해주면 좋겠어."

아이는 자신의 시도와 의견이 수렴되는 것을 통해 존중받음을 느끼고 부모는 그것으로 인해 화내거나 열 내지 않으며 일과를 이끌어나간다.

고집, 대치, 화, 짜증, 혼냄 이런 방법이 주를 이루는 것이 아니라 부모의 본분을 확실히 하며 아이를 챙기고 지혜로운 방법으로 아이를 이끌고 대화를 통해 다음을 만드는 것이다.

이 모든 과정에서 아이는 학습하고 느끼고 성장한다. 부모의 바른 대응이 아이의 성장 방향을 바르게 이끈다.

아이가 떼를 쓸 때, 훈육해야 한다는 마음이 가장 먼저 올라오지 않게 주의하자. '육아 = 훈육'이 되어서는 안 된다. **특히나 영유아기는 혼나야 할 시기가 아니라 경험하고 경험하며 반복적으로 배우고 만들어갈 시기이다.** 우리는 혼나야만 배울 수 있는 존재가 아니다. 넓게 보고 아이의 상태에 먼저 주의를 기울이며 엄마도 아이도 행복하게 육아를 이어가자.

정리하기

* 가장 기본 욕구인 생리적 욕구와 안전 욕구의 불편을 느끼는 것이 아닌지 확인한다.
  1, 2차원 욕구의 문제라면 적극적으로 도움을 준다.

* 3, 4차원의 욕구라도 큰 문제가 아니라면 들어준다.
  자신의 요구가 받아들여지는 것을 경험하는 것은 중요하다.

* 서로 다른 의견이 있다면 대화를 통해 공유한다. 이때 특별히 무엇을 가르치려 할 필요는 없다.

* 아이의 고집이나 황당한 행동에 대가를 치르게 하거나 보복을 통해 깨닫게 하려는 마음은 완전히 버린다.

* 아이를 상대로 '얘 왜 이래?', '해보자는 거야?'라고 생각하며 너무 쉽게 공격태세를 갖추는 건 아닌지 생각해보자.

Chapter 4

기술
프로는 다양한 기술을 구사한다

좋은 행동을 습관으로 만들기 위해서는

100번의 잔소리를 쌓는 것이 아니라

단 한 번의 우연을 놓치지 않고 칭찬하는 것이 필요하다.

분명 찬스는 온다.

칭찬의 기술

: 엄마만 해줄 수 있는 칭찬이 있다

아이에게 좋은 칭찬을 충분히 제공하는 것은 영양소가 가득한 토양을 제공하는 것과 같다. 칭찬 속에서 아이들은 무럭무럭 자라며 알차게 열매 맺는다.

칭찬이 중요한 것은 대부분이 잘 알고 있다. 그런데도 좋은 칭찬을 충분히 공급하는 노력을 일부러 하지는 않는다. 그저 하던 대로 가끔 칭찬하면 그것으로 충분하다고 생각한다. 이는 칭찬이 부족하면 일어나는 일에 대해 생각해보지 않아서 일 것이다.

아이에게 칭찬이 부족하면 어떻게 될까?

칭찬이 부족하면 아이들은 영양분을 갈망하며 두리번거리게 된다. 부족한 영양분 속에서 비실비실한 열매를 맺게 되거나, 혹은 영양분에 대한 갈망 때문에 독이 되는 것이라도 일단 취하고 보면 잘못된 성장으로 이어질 수 있다.

공격적인 성향이 커지거나 지나치게 자기방어기제를 갖게 되는 것에도 일면은 칭찬받고 싶은 욕구, 제대로 인정받지 못해서 오는 갈증들이 작용한다. 부모는 양질의 칭찬을 충분히 제공하여 아이가 좋은 방향으로 신나게 자랄 수 있도록 해야 한다.

'칭찬' 하면 가장 먼저 생각나는 단어는 무엇인가?

"잘했어~"

아마도 이 말이 가장 먼저 떠오르기 쉽다. 이 말을 조금 더 좋은 칭찬으로 만들려면 어떻게 하면 좋을까?

"장난감을 정리했구나~ 잘했어!"

칭찬하는 이유를 설명하는 것이다. 단순한 칭찬보다 좋은 칭찬이 되었다. 자, 그렇다면 감탄육아의 칭찬은 어떠할까? 여기에서 우리의 네 번째 신념을 떠올려볼 필요가 있다. 바로 '감탄사를 가득 채워라!'

첫 번째 칭찬의 기술, 감탄사 칭찬법

다른 어떤 말보다도 감탄사가 좋은 칭찬을 만든다.
첫 번째 칭찬의 기술은 바로 감탄사 칭찬법이다. 우리의 칭찬이 감탄사로 시작하게 하는 것이다.

"우와~~~~~!!!!"
"우와~~~ 혼자 이렇게 정리를 한 거야? 대단한데!!!"

감탄사를 붙이면 칭찬의 레벨이 달라진다. '감탄사의 힘'에서 설명한 것과 같이, 칭찬은 아이의 상태를 긍정 영역으로 빠르게 이동시킨다. 이 상태에서 칭찬의 이유를 붙여준다. 그러면 아이는 어떤 부정적 감정이나 혹시나 하는 여지로 몸을 움츠릴 필요가 전혀 없어진다.

"와우~~ 이 기차놀이를 이렇게 연결한 거야? 멋지다!"
"어머머~~ 엄마 청소 도우려고 온 거야? 고마워!!"

감탄육아에서 감탄사는 단연 가장 많이 써야 하는 말이다. 혼자 손을 씻고 화장실에서 나오는 아이를 보게 된다면

"오~~~~~~(엄지 척!)"

어떤 경우에는 긴 설명보다 외마디 감탄사가 훨씬 강력한 메시지가 된다. 물론 감탄사가 빠졌다고 그 칭찬이 잘못된 것은 아니다. 다만 우리는 더 좋은 곳을 향해 가는 중이다.

'잘했어~'라는 표현보다 더 좋은 표현들이 많다

여기에서 '잘했어~'라는 칭찬을 한번 살펴볼 필요가 있다.

"기차놀이를 이렇게 연결했구나, 잘했어!"
"엄마 도와주는 거야? 잘했어!"
"그렇지 집에 오면 손부터 씻어야지~ 잘했어!"

어떤가. 느껴지는 감정의 크기가 앞에서 예로든 감탄사 칭찬과는 다르다. 물론 육아를 하면서 "잘했어~"라는 칭찬을 완전히 배제할 순 없다. 다만 빈도를 조절할 필요가 있다.

"멋지다~"
"그렇게 해줘서 고마워~~"

"우와~"

이런 더 좋은 표현들이 많기 때문이다.

'잘했어'라는 표현을 자주 사용하면 엄마의 포지션이 평가자의 위치로 가기 쉽다. 우리가 가고자 하는 자리는 참여자인데 말이다. '잘했어'라는 칭찬에 익숙해진 아이는 잘하기 위해 힘쓴다.

그럼 잘하지 못한 경우에 아이는 어떻게 하려 할까? 스스로 잘하지 못했거나 부족하다고 생각하면 숨고 싶거나 피하고 싶어지게 된다.

평가자와 참여자의 반응은 크게 다르다

어떤 일 앞에서 평가자와 참여자의 반응은 다르게 나타난다. 축구 경기를 떠올려보자. 경기를 하다 보면 좋은 기회에 아쉽게 공이 골대를 빗겨나가는 경우를 종종 본다. 벤치에서 감독이 아쉬움에 소리를 친다.

"아니~~ 그게 아니지!!!"

이것은 평가자의 반응이다.

그러나 동료들은 다르다. 와서 어깨를 툭툭 두드려주고 간다.

"좋아 좋아~~ 계속 가 보자~"

이렇게 파이팅의 말을 크게 외치기도 한다. 그 선수의 시도를 칭찬하며 좋은 긴장감을 유지할 수 있도록 돕는 것이다. 이것이 참여자의 반응이다.

감독도 동료도 모두 그 선수를 위하며 다음에 더 잘하기를 바라는 마음이 있다. 하지만 역할에 따라 표현은 다르다. **평가자는 잘한 일을 칭찬하지만, 참여자는 성공하지 않은 일에 대해서도 칭찬할 수 있다.**

감탄육아의 칭찬은 이런 것이다. 노골(no goal)이 되어버린 수많은 슈팅에 대해 "멋져! 잘하고 있어!"라고 외쳐주는 것이다.

두 번째 칭찬의 기술, 시도와 과정을 알아봐주기

엄마는 아이의 삶에 함께하는 가장 가까운 사람으로 아이의 작은 시도와 도전, 노력을 알아보고, 여기에 칭찬을 붙여주어야 한다. 다른 사람들은 그냥 지나쳐버릴지도 모르는 순간을 엄마만큼은 알아보고 엄지손가락을 올려주는 것이다. 이런 것들이 쌓여서 엄마와 아이의 돈독하고 특별한 관계가 만들어진다.

"엄마는 다 봤어 너의 노력을!"
"성공은 못했지만 참 좋은 시도였어! 엄마는 그렇게 생각해!"

귓가에 조용히 전해오는 엄마의 말이 아이에겐 든든한 영양분이 된다. 시도를 칭찬하며 지속적인 도전으로 이끈다. 실패와 성공 모두에 함께하며 같이 아쉬워하고 같이 기뻐한다. 그리고 그 안에 들어있는 아이의 노력을 알아봐주는 것이다.

그럼, 시도와 과정을 칭찬하는 것은 정확하게 언제하면 좋을까? 시도하자마자? 시도했지만 안 됐을 때? 시도하는 중에?
언제 칭찬하면 아이가 충분히 많은 칭찬 속에서 자랄 수 있을까? 세 번째 기술을 함께 살펴보자.

세 번째 칭찬의 기술, 칭찬의 5단계

혹시 '우리 아이는 칭찬받을 행동을 그렇게 자주 하지는 않아요'라고 생각하는 엄마가 있을지도 모르겠다. 사실 아이가 칭찬받을 만한 행동을 했을 때 칭찬하는 것은 기본이다. 감탄육아는 아이가 칭찬받을 수 있게 만들어주고 거기에 칭찬을 채워준다.

다시 말해 아이가 영양소를 찾아 두리번거릴 때까지 두는 것이 아니라, 엄마가 잘 살펴보고 필요한 영양소를 찾아서 채우는 것이다. 마치 슛을 시도해볼 수 있게 멋진 어시스트를 하는 것과 같다. 시도의 기회를 만들어주고 결과와 상관없이 과정을 칭찬하는 것이다.

칭찬 레벨을 5단계로 나눌 수 있다.

1단계	칭찬에 인색함	1점
2단계	칭찬하고 싶지만 어색함	3점
3단계	칭찬받을 만한 행동을 하면 칭찬함	5점
4단계	칭찬받을 만한 일을 하고 있는지 살펴보고 찾아서 칭찬함	7점
5단계	칭찬받을 수 있도록 만들어주고 칭찬함	10점

다시 말하지만 3단계는 당연한 것이다. 1,2단계에 머물고 있다면 열심히 올라와야 한다. 우리는 5단계를 향해 가는 것이다.

1단계 : 칭찬에 인색한 단계

"...................."

'다들 하는 거야… 뭘 그런 것까지 칭찬해…'라고 생각한다. 웬

만한 것은 당연한 것으로 여겨서 좀처럼 칭찬이 나오지 않는다. 우리는 당연한 것을 잃었을 때에야 그 당연한 것의 소중함을 느끼는 경우가 많다. 문제가 생겼을 때에야 비로소 그동안 '당연하게' 자라준 것에 대해 고마움을 표현한다면, 너무 아쉬운 타이밍이다. 모든 것을 자연스럽게 해내고 있는 아이의 '당연함'은 마땅히 칭찬받아야 한다.

"별것도 아닌 걸 칭찬하기 시작하면 버릇만 나빠져"라고 말하는 분들도 종종 만난다. 아이의 좋은 버릇을 위해 우리가 해야 할 일은 칭찬을 줄이는 일이 아니라 좋은 칭찬을 공급하는 일이다.

2단계: 칭찬이 어색한 단계

"응… 그래 잘했어…."

칭찬하고 싶지만 어색한 나머지 아주 단순한 칭찬만 하는 단계이다. 물론 칭찬하는 것에 익숙하지 않을 수 있다. 이때가 감탄사 칭찬을 연습하기에 좋은 때이다. 크고 작은 일에 외마디 감탄사를 붙이는 것을 시작하는 것이다. 긴 설명이 어색하다면 일단 "오~"라고 외치자. 그러면 표정도 자연스럽게 부드러워지고 점점 더 좋은 칭찬으로 넘어갈 수 있다.

3단계 : 칭찬받을 만한 행동을 하면 칭찬하는 단계

"오~ 의자를 잡고 혼자 일어선 거야? 멋지다!"
"와~ 신발 정리를 하고 들어왔구나! 정말 잘했네~"

잘한 것을 기꺼이 칭찬하는 단계이다. 구체적 칭찬을 사용하며 잘한 것을 충분히 기뻐한다. 이제 여기에 칭찬하는 횟수를 더 늘리기만 하면 된다.

4단계 : 칭찬받을 만한 일을 하고 있는지 살펴보고 찾아서 칭찬하는 단계

"오~ 의자를 잡고 일어서 **보려고 하는 거야??** 대단한데~"
"어어~~ 넘어졌네! 다시 한번 해볼까? 와…. 성공!!!"
(신발을 정리하려고 몸을 돌려 선 아이를 보면)
"우아~ 신발 정리**하려는 거야?** 깨끗하게 정리해줘서 고마워~"
(나중에 신발장을 지나며 한 번 더)
"신발장이 깨끗하니 정말 보기 좋네!!"

3단계와 비슷하게 느껴질 수 있지만 4단계의 칭찬은 3단계와는 엄연히 다르다. **칭찬받을 일의 완성을 칭찬하는 것이 아니라 과정을 칭찬한다. 그리고 그 과정에 함께한다.**

시도 단계에서 이미 칭찬을 들은 아이는 그 행동에 즐거움을 느끼게 된다. 한 번에 성공하지 못하더라도 다시 도전할 힘을 갖는다. 즐거움 속에서 말이다.

5단계 : 칭찬받을 수 있도록 만들고 칭찬하는 단계

아이가 일어나려고 하는 것 같아 보일 때, 낮은 의자를 아이 곁으로 가져다준다. 엄마가 먼저 그 낮은 의자를 잡고 '영차~' 하며 일어서는 모습을 보여준다.

"영차~ 여기 이렇게 잡고 일어서니 잘 되네~"

아이는 자연스럽게 엄마를 따라 하게 된다.

"와~ 의자 잡고 엄마처럼 일어서 보려는 거야?? 대단한데~ 아아~~ 넘어졌네! 다시 한번 해볼까? 와~ 성공!!!"

보여주며(모델링) ⋯▶ 과정을 칭찬하고 ⋯▶ 함께한다.

'우리 아이는 신발 정리를 하는 법이 없어요'라고 해버리면 아이는 신발 정리를 못하는 아이가 될 것이다. 신발 정리를 하고 칭찬받을 기회를 만들어주는 것이 고수이다. 여기에는 부모의 모델링이 필요하다.

외출했다 들어오면서 엄마가 먼저 신발 정리를 한다.

"엄마 건 이쪽에 놓을게~"
아이도 자연스럽게 엄마를 따라 한다.
이때를 놓치지 말고
"우아~ 깨끗하게 정리해줘서 고마워~"
나중에 신발장을 지나며 한 번 더,
"우리집 신발장 정말 멋지다."

5단계 레벨에서 아이는 확실히 앞 단계에서보다 많은 칭찬을 받게 된다. 아이에게 제공되는 영양분의 양이 확실하게 차이 나게 된다. 우리가 목표로 하는 칭찬 단계는 바로 5단계이다. **아이가 특별히 그 행동을 하려는 생각이 없더라도 엄마가 솔선수범을 보여주며 아이의 좋은 행동을 촉진하는 것이다.** 아이가 칭찬받을 기회를 엄마가 만들고 아낌없는 칭찬을 이어 붙이면 아이의 좋은 행동은 자연스럽게 따라 나온다.

엄마가 5단계 칭찬을 사용하면 아이는 본의 아니게 자꾸 칭찬받을 일을 하게 된다. 좋은 리더를 만난다는 건 이런 일이다. 나도 모르게 자꾸 좋은 일을 하고, 자꾸 잘하고, 자꾸 칭찬받고, 또 신나서 다른 좋은 일을 하는 선순환이 만들어진다.

아무나 할 수 있는 일이 아니다. 그래서 엄마이다

5단계 칭찬에는 많은 에너지가 요구된다. 쉽지 않은 일이다. 관찰이 필요하고 절호의 타이밍을 잡아야 한다. 솔선수범해야 하고 기다려줘야 하며 과정에도 함께해야 한다. 10초면 신발을 벗고 들어올 수 있는 것을 함께 신발을 정리하고 칭찬하고 하다 보면 10분 넘게 걸릴 수도 있다. 그래서 아무나 할 수 없는 일이다.

어쩌면 아이가 세상에서 만나는 다른 리더들이 하기는 힘든 일이다. 선생님, 선배, 직장상사에게 5단계 칭찬을 기대하기는 어렵다. 그래서 엄마이다. **아이의 시기에 충분히 단단한 칭찬을 쏟아부어주는 것은 어쩌면 부모만이 할 수 있는 일이다.**

지금 나의 칭찬은 주로 몇 단계에 머무르는가. 나의 단계를 한 단계씩 높이며 5단계를 향해 함께 노력하면 좋겠다.

정리하기!

* 칭찬을 가볍게 생각하지 말자. 좋은 칭찬은 아이에게 좋은 토양이 된다.

* 가장 좋은 칭찬은 외마디 감탄사이다. 아이의 행동이나 시도에 감탄사를 먼저 내뱉는 연습을 하자.

* 시도와 노력을 칭찬하자. 우리는 결론을 보고 잘한 것을 칭찬하는 평가자가 아니다.

* 나의 칭찬 단계를 점검하고 5단계를 욕심내자. 아이가 공급받게 되는 영양분의 양과 질이 달라진다.

* 좋은 칭찬은 아무나 할 수 없는 일이다. 엄마가 안 해주면 아무도 못해줄지도 모른다.

'안돼!'라고 말하는 기술

: 포즈(pause) 효과를 주고 함께 결정하는 것이다

1.

아침에 바쁘게 외출 준비를 하는데 아이가 야심차게 화장품 통을 들고 다가왔다. 화장대 위로 열심히 손을 뻗어 겨우 얻어낸 크림 통이다.

"엄마 이건 뭐야?" 하고 묻자 고개를 돌린 엄마 입에서는 "아~ 안돼 안돼~ 제자리에 가져다 놔~"라는 말이 나가버렸다.

2.

공원에서 놀다가 유난히 뾰족한 돌을 발견한 아이가 신이 났다. 몽글몽글한 다른 돌과는 아주 달랐다. 그 돌을 손에 들고는 다다다닥 뛰어서 달려오고 있다.

"안돼 안돼~ 넘어지면 어떻게 하려고~~!!"

3.
간식으로 사 먹은 아이스크림은 먹은 것 반 묻힌 것 반이다. 기특하게도 스스로 입을 닦으려 했다. 옷으로 말이다.
"안돼 안돼~~ 옷 지지 돼~ 엄마가 닦아줄게~"

위의 3가지 사례에서 엄마의 '안 된다'는 반응이 거의 즉각적인 반사의 속도로 나왔다.
뭐가 안 된다는 것일까?
이 일들은 정말 안 되는 일일까?

이런 즉각적인 반응은 아이에게 어떤 영향을 줄까? 즉각적인 반응 말고 아이에게 좋은 영향을 주는 반응 방법은 없을까?
삶은 찰나가 아니다. 우리가 아이를 잠깐 만나고 헤어진다면 '잠깐 이런 말이 어떻겠냐'만 그렇지가 않다. 오래도록 지속하며 아이의 성장에 큰 영향을 준다.
반사적으로 나오는 '안돼'라는 말은 아이의 영역을 좁게 만든다. 창의성을 잠식시켜고, 아이가 엄마의 틀 안에서만 크게 한다. 아이에게는 어떤 일이 엄마에게 통과될 일인지 아닐지가 가장 중요해진다. 엄마 눈치를 보는 아이가 되는 것이다.

눈치를 보던 아이가 엄마를 벗어나면? 엄마가 없는 환경에서는 엄마가 알던 것과 완전히 다른 모습을 보이게 될 수도 있다. 초등학생만 되어도 엄마의 '안돼!'라는 말에 순응보다는 반항으로 대응하기 쉽다.

물론 다 받아줄 수도 없는 노릇이다. 엄마의 화장품을 함부로 만지는 것도, 위험한 물건을 들고 뛰는 것도, 옷으로 지저분한 것을 닦아버리는 것도 하지 않았으면 좋겠는 일들이다.

그러나 '엄마는 평가자가 아니다'라는 사실을 떠올려야 한다. 엄마는 '맞는지', '맞지 않는지'를 단숨에 알려주면 그만인 사람이 아니다. 엄마의 자리는 참여자의 자리이다. 아이의 삶에 참여하여 스스로 좋은 선택을 할 수 있도록 돕는 것이다. 아이가 좋은 선택을 할 확률을 점점 높여갈 수 있도록 이끌어주어야 한다.

아이 스스로 그 일이 좋지 않음을 이해하는 것이 가장 좋다. 그러기 위해서는 열린 사고로 엄마의 생각을 들을 기회가 있어야 한다. '안돼!'라는 말에 막히기 전에 말이다.

엄마가 안 된다고 말했기 때문에 무조건 안 하는 것이 아니라, 이해하고 동의해서 선택하는 과정을 거치는 것이다.

이를 위해 말의 순서를 재정비할 필요가 있다.

상황을 보고 엄마가 빠르게 판단 ⋯⋗

안돼 안돼![아이의 시도가 막힘] ⋯⋗ 엄마의 눈치를 보게 됨

⋯⋗ 엄마의 기준 안에서만 행동함 ⋯⋗ 엄마의 판단력만 좋아짐

감탄사 포즈 ⋯⋗ 엄마의 설명 ⋯⋗ 대안 제시 ⋯⋗ 스스로 어떤 행동이

좋을지 생각 ⋯⋗ 자신의 행동을 선택 ⋯⋗ 아이의 판단력이 좋아짐

"안돼!"라는 말 대신 감탄사 포즈 효과를 사용하자

말의 가장 앞에 '안돼!'라는 말이 반사적으로 나가지 않도록 붙잡자. 이때 다시 등장해야 하는 것이 감탄사이다. '안돼'라는 부정적 표현 자리는 감탄사가 들어가기 좋은 자리이다.

'안돼'와 '감탄사'를 쓸 때는 표정과 소리의 느낌이 다르다. 아이는 분위기를 통해 상황을 감지하게 된다.

감탄사는 포즈(pause, 일시정지) **효과를 가져온다.** "아~~~~", "와~~~" 하는 소리와 함께 행동을 일시정지시킬 수 있다. 이렇게 잠시 시간을 벌고 나서 설명이 들어간다.

"아~~ 이거 엄마 얼굴에 바르는 크림인데 가져왔네."

설명이 먼저다. 그리고 엄마의 생각을 이야기한다.

"그건 장난감이 아니니까 제자리에 가져다 놔줄 수 있어?"

> 감탄사 포즈 효과 ⋯▸ 엄마의 생각 ⋯▸ 대안 제시까지 한다.
> 아이는 듣고 ⋯▸ 스스로 판단하고 ⋯▸ 행동할 것이다.

이처럼 우리의 할 일은 칭찬이다. "와~ 갖다 놔줘서 고마워." 아이가 가져다 놓기 위해 등을 돌리자마자 말이다.

잘 생각해보면 아이가 방금 한 행동이 정말 '안돼'는 행동은 아니다. 아이의 행동을 '안돼'로 막아버릴 이유가 없다. 아이에겐 좋은 의도가 있었다. 무엇인지 궁금해하는 호기심, 엄마가 늘 바르던 것을 엄마에게 가져다주고 싶은 마음, 손이 닿는지 뻗어보는 노력까지.

'안돼 안돼 가져다 놔~'라고 즉각적인 부정적 피드백을 듣기엔 아이의 모든 행동과정에 잘못된 점이 없다. 엄마의 생각을 이야기해주고 아이가 동의하기를 바랄 뿐이다.

뾰족한 돌을 들고 뛰는 아이도 감탄사로 정지시킬 수 있다. 양 손바닥을 펴보이며 '오오오오~~~'라고 외치면 다시 포즈 효과가 나타난다. 아이는 뛰기를 멈춘다. 물론 위험한 상황에서는 모든 것이 예외이다. 어떤 방법을 써서라도 아이를 보호해야 한다.

'안돼'라는 표현을 조절해온 엄마라면 아주 위험하거나 단호하게 말해야 하는 순간에 엄격한 표정을 하며 '안돼!'라고 말하는 것이 아이에게 확실한 메시지가 될 것이다. '아 이건 절대 안 되는 거구나' 하고 말이다. '안돼'라는 말을 늘 듣는 아이와는 다르게 받아들인다.

아이스크림을 옷으로 닦으려는 아이에게도 부정어를 쓰지 않으면서 포즈 효과를 준다.

"하아아아악~(놀라는 표정) 옷으로 닦으려고?? 그럼 엄마가 그 옷을 빨기 너무 힘들 것 같은데~~~ 휴지 줄게~"

동일한 흐름을 눈치챘는가?

> 감탄사 포즈 ⋯▶ 엄마의 생각 ⋯▶ 대안 제시 순서이다.

아이는 달콤한 아이스크림을 먹던 행복한 상태를 유지하면서도 '옷으로 입을 닦는 건 좋지 않다'는 것을 학습하게 된다. 굳이 잔소리 같은 순간을 지나지 않아도 되는 것이다.

이처럼 아이와의 많은 순간이 어른에겐 안 되는 순간이지만 아이에겐 그저 기특한 순간일 수 있다. 스스로 입을 닦으려는 시도였고, 새로운 것을 발견한 기쁨의 달리기였다. '안돼'라는 말로 제한하지 말아야 한다.

'안돼'라는 말은 아이를 엄마의 뜻대로 쉽게 컨트롤할 수 있게 해준다. 하지만 그만큼 아이의 자주성과 창의성도 쉽게 닫힌다. '안돼'라는 단어를 조금 뒤로 미루고 감탄사를 통한 포즈 효과와 엄마의 생각을 꺼내 보여주자.

아이가 자신의 생각이나 의견을 말한다면 더없이 좋을 것이다. 그리고 함께 받아들일 수 있는 방법을 찾는 것이다. 한팀으로서 말이다.

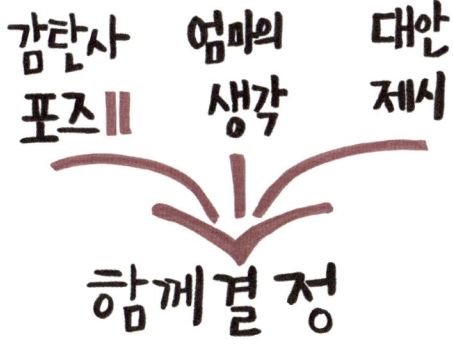

정리하기

* '안돼'라는 말이 반사적으로 나가기 전에 감탄사를 사용하여 포즈(일시정지) 효과를 준다.

* 감탄사 포즈 ⋯▸ 엄마의 생각 ⋯▸ 대안 제시 순서이다.

* '해도 돼, 안돼'를 엄마가 정해주는 것이 아니라 아이와 함께 사고하고 결정하는 과정을 진행하는 것이다.

* 아이가 좋은 선택을 할 수 있도록 도와주고 좋은 선택을 하면 칭찬을 넣어준다.

엄마의 목소리 사용법

: '리안따단' 4가지 목소리 사용의 황금비율이 있다

아이를 키우기 시작했다면 엄마는 연기력을 발휘하기 시작해야 한다. 리얼하게 읽어주는 책 한 권에 아이는 오감이 발달한다. 여러 가지 동물 목소리는 물론이고 다양한 표정을 갖는 것도 필요하다. 엄마가 되는 것은 실로 보통 일이 아니다.

엄마의 재미있는 표현력을 통해 아이는 흥미를 느끼고 상상력을 키워간다. 그리고 엄마를 대단하게 생각한다. 엄마에게 가면 심심하던 책도 살아있는 것처럼 느껴지고 재미있어지니 말이다.

엄마를 대단하게 생각하고 더욱더 좋아하게 되는 것은 아이의 정서에 아주 중요하다. 아이에게 엄마는 온 세상이나 다름없다고 했던 말을 기억해보자.

엄마를 시시하게 생각하는 아이는 마치 초라한 땅에서 사는 것과 같다. 반대로 엄마를 대단하게 바라보고 점점 더 좋아한다는 것은 자신이 대단하고 훌륭한 세상을 가졌다는 뿌듯함을 만들어 준다.

다양한 표정이나 연기력까지는 미루어두더라도 다양한 목소리 사용은 꼭 필요하다.

리, 안, 따, 단, 엄마가 사용해야 할 4가지 목소리이다.

리듬감 목소리
안내자 목소리
따듯한 목소리
단호한 목소리

4가지 목소리의 황금비율은 40:30:20:10이다.

리듬감 목소리

리듬감 목소리는 가장 높은 비율(40%)로 필요하다. 목소리의 높낮이, 속도감을 주어 재미있게 리듬을 만드는 것이다.

아이와 함께 차를 타고 가다가 커다란 포클레인을 발견하면 "우와~~ 오~ 멋지다~~"라고 말하는 엄마의 목소리에는 리듬감이

들어있다.

때로는 목소리를 아주 작게 해 아이의 호기심을 유발하기도 하고, 어떤 때에는 큰소리로 함께 노래를 부르며 흥미를 만들기도 한다. 토끼를 설명할 땐 빠른 말투를 사용하다가, 거북이를 설명할 땐 느릿느릿 말을 이어가는 것도 리듬감을 주는 방법이다.

그러나 꼭 구연동화를 읽어주는 것 같은 말투를 계속 사용하라는 것은 절대 아니다. 엄마가 다른 사람과의 대화와는 너무 다르게 아이에게만 아이용 말투를 사용하는 것은 추천하지 않는다. 육아는 삶이고 자연스러운 것이 좋다. 자연스럽게 나의 목소리로 이야기를 하되 높낮이, 빠르고 느림, 크고 작음 등에 변화를 주며 리듬감을 더해주는 정도면 충분하다.

안내자 목소리

안내자 목소리는 리듬감 목소리 다음으로 높은 비율(30%)이 필요하다. 친절하고 정확하게 정보를 전달하는 것이 필요할 때 사용한다.

리듬감을 가지고 함께 신나게 대화를 하다가도 아이의 질문에 대답하거나 우리의 할 일을 이야기해야 할 순간에는 정확하게 정보를 전달하는 안내자 목소리를 사용한다.

차를 타고 가다가 신호에 맞춰 멈췄는데 아이가 "갑자기 차가 왜 멈춘 거야?"라고 묻는다. 이때 엄마는 안내자의 목소리를 사용하여 정보를 전달한다.

"저기 신호등 보이지? 빨간불일 때에는 차가 멈추기로 약속한 거야. 사람들이 지나가는 차례거든~"

안내자의 목소리는 친절하고 정확해야 한다. 귀찮아하거나 지시적인 안내자는 불만족을 키울 뿐이다.

우리가 처음 보는 전자제품의 사용법을 듣는데, 같은 설명을 반복해 온 직원이 귀찮다는 듯 안내를 하면 어떨까? 수많은 손님이 같은 질문을 해 와도 늘 친절하고 정확하게 설명해야 하는 것이 안내자의 임무이다. 하물며 부모는 어떨까. 아이의 많고 많은 궁금증에 좋은 안내자가 되는 것이 부모의 역할이다.

아이는 궁금하고 또 궁금한 것이 당연하다. 궁금해하지 않는 아이가 있다면 오히려 걱정해야 할 것이다.

차가 멈출 때마다 '차가 왜 멈춘 거냐'고 묻고 또 물을 수도 있다. 궁금증을 해결하는 등 아이의 삶을 리드할 때 부모는 친절하고 정확한 안내자의 목소리가 필요함을 인식해야 한다. **'오늘 아이에게 무언가를 설명할 때 어떤 목소리를 사용했지?', '나는 좋은 안내자였나?'를 돌아보는 태도가 필요하다.**

물론 가끔은 잦은 질문에 피로감을 느낄 수도 있다. 본의 아니게 짜증스러운 목소리가 발사될 수도 있다. 이럴 땐 차라리 아이에게 엄마의 상태를 공유하고 잠시 쉬는 것이 좋다. **짜증 난 안내자가 되기보다는 엄마가 잠깐 쉬는 시간이 필요하다고 상태를 공유하며 인격적인 관계를 이어나가는 것이다.**

따뜻한 목소리

따뜻한 목소리는 말 그대로 엄마의 따뜻한 마음이 전달되기를 바라는 마음에서 나오는 목소리이다. 잠들기 전 아이를 꼭 안고 하루를 되돌아보는 대화를 할 때 따뜻한 목소리를 사용한다.

"우리 오늘도 참 재미있었다 그렇지~ 엄마는 아까 OO이랑 손잡고 산책할 때 정말 좋았어~"
"벌써 많이 커서 엄마도 많이 도와주고 정말 기특해! 엄마가 정말 많이 사랑해~~"

엄마의 실수를 인정하고 사과할 때나 마음이 상한 아이를 달래줄 때도 따뜻한 목소리를 사용한다.

"엄마가 그렇게 했던 게 서운했구나, 진심으로 사과할게, 미안해."
"많이 속상했구나, 그래도 잘 참아줘서 고마워, 이리 와 엄마가 안아줄게."

적어도 아침저녁 한 번씩은 따뜻한 목소리로 아이에게 사랑을 표현하는 시간을 갖자.

단호한 목소리

마지막으로 10% 정도 비중의 단호한 목소리이다. 부모로서 단호하게 말해야 하는 순간은 분명 있다. 정확하게 잘못된 것을 알려줄 때나, 거절해야 할 일이 있을 때, 함께 만든 규칙이 어겨지는 순간이나, 너무 위험한 순간을 지날 때, 그리고 그 일들에 대해 다시 한번 서로 상기해야 할 때 등이 이에 속한다.

사실 단호한 목소리에 대해서는 특별한 설명이 많이 필요 없다. 부모 대부분은 어떻게 단호한 목소리를 내는지 잘 알고 있다. 다만 한 가지만 생각하면 된다.

'나는 단호한 목소리를 10%만 사용하고 있는가'이다.

육아를 하면서 필요 이상으로 자주 단호한 목소리를 사용하고 있지는 않은지를 늘 살펴야 한다.

안내자의 목소리가 필요한 순간에 단호한 목소리를 사용하고 있는 건 아닌지, 따뜻한 목소리로 하루를 마무리해야 하는 순간

"빨리 자라고 했지!"라고 단호한 목소리로 쉽게 상황을 이끌려는 건 아닌지 말이다. 바쁜 아침시간에 "빨리 준비해, 얼른 씻어, 신발 신어, 빨리 오라고 했지, 장난치지 말고" 같은 단호한 목소리로 채워져 있는 건 아닌가 주의해야 한다.

이렇게 감탄육아의 4가지 목소리는 '리안따단'이다. 혹시 40:30:20:10의 비율이 뒤집혀 있지는 않은가? 만약 뒤집혀 있다면 바로 잡으려고 노력해야 한다. 목소리 사용의 비율을 바르게만 가져가도 아이의 내적 파워를 길러주는 데에 도움이 된다. 리듬감과 안내자 목소리가 주를 이루도록 힘써야 한다. 아이의 삶을 신나고 생동감 있게 만드는 것은 새로운 장난감이 아니라 바로 엄마의 목소리이다.

생각해보기

* 육아에서 가장 높은 비율로 리듬감 목소리를 사용하고 있는가?

* 나는 짜증 난 안내자가 아닌 친절한 안내자인가?

* 아침저녁 적어도 2번은 따듯한 목소리를 사용해 아이에게 사랑을 표현하고 있는가?

* 단호하고 무서운 목소리를 원활한 육아를 위한 주무기로 사용하고 있지는 않은가?

언어 사용 기술

: 기필코 습득해야 하는 긍정적 언어 사용법

　　퍼실리테이터(교육이나 회의 등에서 일정한 목표를 두고 구성원이 각자의 생각과 역량을 충분히 발휘하여 효과적으로 결과를 얻을 수 있도록, 그 과정을 설계하고 참여를 이끌어내며 결과로 즐겁게 도달하도록 촉진하는 사람)가 되고 나서 가장 많은 시간을 들여 노력한 것은 바로 언어를 긍정적으로 바꾸는 일이었다. 사소하고 별것 아닌 것 같은 표현도 전부 긍정적인 표현으로 바꾸려고 노력했다. 다 이해되거나 생각이 바뀌지 않아도 일단 말을 바꾸는 작업을 했다.

　　그런데 말을 바꾸기 시작하니 생각이 바뀌기 시작하고 현상을 바라보는 관점이 바뀌기 시작했다. 말에는 분명 힘이 있다.

　　엄마의 언어를 질 좋은 긍정적 언어로 바꾼다는 것은 아이의 삶에 해가 쨍쨍한 날들을 충분히 제공하는 것과 같다. 전혀 우중

충하지 않게, 충분히 광합성할 수 있는 언어를 제공하는 것이다.

이렇게 제공된 언어는 아이의 성품을 형성하는 바탕이 된다. 부모의 언어는 그대로 아이의 것이 되고, 그것이 아이의 성품을 이끈다.

부정적 단어 자체를 바꾸기

먼저 우리가 노력해야 할 것은 무의식적으로 아주 자연스럽게 사용하고 있는 부정적인 표현을 꺼내서 긍정적인 표현으로 바꾸는 것이다.

아이와 장난감 뚜껑을 여는데 쉽게 열리지 않는다.

"이게 왜 안돼? 왜 안 되는 거야?"

이 표현은 부정적으로 말하려는 의도는 없지만 '안 된다'는 부정적 표현으로 이루어져 있다. 의도와는 상관없이 우리가 사용하고 있는 부정적 단어 자체를 긍정적 단어로 바꾸는 노력이 첫 번째이다.

"이게 어떻게 하면 될까? 어떻게 해봐야 좋을까?"

'될까?', '좋을까?'라는 긍정적 단어를 사용해도 충분히 의미를 전달할 수 있다.

우리가 자주 쓰는 "이거 별로네"는 어떻게 바꿔볼 수 있을까? "다른 더 좋은 게 있나 찾아볼까"라고 바꿀 수 있다.

처음 이런 시도를 할 때 몇 가지 생각이 따라붙었다. 첫 번째는 '굳이 이런 것까지 바꿔야 하나?' 하는 생각이었다. '딱히 나쁜 의도가 있는 부정적인 말이 아닌, 그냥 안 되는 현상에 대한 표현인데 이것까지 바꿔야 하나' 하는 생각이 들었다. 두 번째로 든 생각은 '별로야, 안 좋아도 소중한 나의 의견인데'라는 생각이었다.

그런데 언어를 바꾸는 노력을 할 때는 '일단 무조건 다 긍정적으로 바꾸자!'고 마음먹는 것이 가장 좋다.

자꾸 이것저것 생각하고 따지다 보면 예외처리 항목만 늘어난다. 그리고 합리화의 과정을 거치며 적당한 수준에서 타협점을 찾게 된다. 그러다 보면 우리는 너무나도 쉽게 다시 원래의 습관으로 돌아간다.

사소한 것까지 바꿔보는 시도를 하다 보면 우리가 부정적으로 표현하고 있는 순간이 생각보다 많음을 발견하게 된다. 그중 몇 가지라도 긍정의 언어로 바꾸고 그것이 습관이 된다면 성공이다.

부정적 의견도 소중한 나의 의견이라는 생각도 맞다. 그런데 그 소중한 의견이 꼭 부정적 표현일 필요는 없다.

나의 모든 것을 보고 배우며 카피하고 있을 아이에게는 더더욱 그렇다. 우리가 솔직한 의견이라는 이유로 쉽게 내뱉는 표현이나 습관적인 부정적 언어가 있다면 부모라는 위치에서는 점검해보고 가려내야 할 부분이 된다.

때론 아이가 만들어 온 장난감이 좀 허술하고 이상해 보여도 "너무 이상한데?"라고 표현하기보다는 "우아~ 조금 더 튼튼하게 하려면 어떻게 하면 좋을까?"라고 긍정적 표현 기술을 사용하면 좋겠다.

숨어있는 부정적 뉘앙스 걷어내기

두 번째로 살펴볼 것은 우리의 언어 속에 숨어있는 부정적 뉘앙스를 찾아 걷어내는 것이다.

"자알~한다 그래~"
"어디 맘대로 한번 해봐~"
"내가 너 그럴 줄 알았다~"

이런 말들을 생각해보자. 문장 자체에 부정어는 없지만 비아냥거리는 마음이 담겨있다. 바로 이런 말을 멈추는 노력을 하는 것이다.

아이가 말을 곧잘 하기 시작한 어느 날, 물건을 옮기다가 우루루 떨어뜨린 엄마를 보며 이런 말을 했다고 생각해보자.

"잘한다 잘해~"

아이에게 비아냥거리는 말투를 물려주고 싶은 부모는 없을 것이다. 이런 상황에서 "에구 떨어졌네~ 다시 주우면 되지. 엄마 다친 데는 없어요? 내가 호~ 해줄 건데"라고 예쁜 말을 뱉어내는 4살 아이를 본 적이 있다. 이 아이가 이런 말을 하는 것은 타고나서도 아니고 어떤 특별한 달란트가 있어서도 아니다. 아이는 보고 배운 것뿐이다. 아이 행동의 답은 늘 부모에게 있다. 부모의 언어가 긍정적이었고, 따뜻했던 것이다.

육아에서 언어는 너무나도 중요하다. 어쩌면 언어는 육아뿐 아니라 우리 삶에서 가장 중요한 도구일지도 모른다. 한번 습관이 되면 바꾸기도 어렵다. 아이가 말을 배우기 시작할 때부터 긍정적인 언어 사용이 습관이 되도록 신경 써야 한다.

아이가 부정적 표현을 자주 사용한다면, 긍정적 표현으로 바꿀 수 있도록 도와줘야 한다. 긍정적 언어를 사용하는 것, 우리가 기필코 가져야 하는 기술이다.

언어만큼 중요한 비언어

부모의 말이나 표정을 따라 하는 아이의 모습을 볼 때면 정말 귀엽고 사랑스럽다.

그런데 희한하게도 아이는 부모의 찡그리는 표정이나 한숨 같은 습관들을 잘 따라 한다. 말보다 분위기에 더 쉽게 반응하는 아이들에게는 엄마의 표정이나 자세, 한숨과 같은 비언어적인 표현들이 생각보다 강력하게 영향을 주는 것이다.

부모라면 가끔은 나의 표정이 어떤지 거울을 통해 확인해볼 필요가 있다. 소파에 앉은 자세나 몸이 피곤할 때 하는 행동들도 한 번씩 점검해보는 것이다. 벗은 옷을 발로 휙 차 한쪽에 쌓아두는 것은 아닌지, 바쁘게 외출 준비를 할 때면 미간에 잔뜩 힘을 주고 있는 것은 아닌지, 밥을 먹을 땐 아무렇게나 덜어서 대충 먹어버리는 건 아닌지 등을 말이다.

물론 모든 순간 좋은 모습, 정돈된 행동만을 보여야 하다는 건 아니다. 엄마도 집에서는 편하게 늘어져 앉아 있을 수도 있고 화가 날 때는 쿵쿵거리기도 한다. 몸이 지칠 때는 씻지도 않고 침대로 뛰어들 수도 있다.

그러나 **인지하고 있는 것과 인지하지 못하고 있는 것은 큰 차이가 있다. 인지가 변화의 시작이다.**

"습관적인 한숨이 안 좋은 것은 알지만 오늘 너무 피곤해서 한

숨이 많이 나왔네" 하는 사람과 "한숨이 뭐가 어때서! 그냥 자연스러운 소리인데! 내가 피곤해서 그런 건데!" 하는 사람은 차이가 크다. 문제점을 인지한 사람만 고칠 수 있다. 더 나은 방향으로의 성장은 문제를 인지한 사람에게서만 일어난다.

지금껏도 괜찮게 살아왔지만 아이를 의식하며 조금 더 나은 나로 만들어나가는 것이다. 더 멋진 부모가 되기 위해 스스로를 돌아보며 더 나은 방향으로 성장시켜 나가는 것은 훌륭한 인생 선배의 모습이자 아이에게 둘도 없이 좋은 롤모델이 되어준다.

엄마는 아이를 키우고, 아이는 엄마의 삶에 동기부여가 된다면 정말 멋진 일이 아닐까.

육아는 아이와 엄마가 함께 크는 시간이다.

정리하기

* 언어는 인성의 바탕이 된다. 긍정적 언어 사용, 기필코 이루어내야 하는 중요한 일이다.

* 내가 자주 사용하는 부정어들을 추가해서 적어보자.
  안돼 싫어 별로야 미워 하지 마 틀렸어 못해

  _____

  _____

  _____

* 비꼬는 말, 비아냥거리는 말, 비웃는 말, 보복심을 담은 말, 협박이 되는 말 등 나에게 숨어있는 부정적 뉘앙스 또한 걷어내보자.

* 나의 비언어, 행동을 가끔씩 점검하자.

* 아이가 성장하는 만큼 우리도 생활습관이나 표현, 행동 등을 성장시키자.

질문의 기술

: 아이가 대답하기 좋은 질문이 가장 좋은 질문이다

하버드 대학의 교수이자 《정의란 무엇인가》라는 책으로 우리에게 잘 알려진 마이클 샌델 교수의 강의를 살펴보면 강의 전반을 질문으로 이끌어가고 있음을 알 수 있다.

질문을 통해 학습자의 흥미를 끌어올리고 함께 생각하게 하고 참여시킨다. 학습자는 교수의 질문을 생각하며 눈을 반짝이고 각자 자유롭게 자신의 생각을 키워간다.

엄마가 던지는 좋은 질문은 아이의 뇌를 반짝거리게 만든다. 아이의 흥미와 호기심을 터치하며 스스로 생각해보고 답을 찾아가는 즐거움을 느끼게 한다.

이 과정이 익숙해지면 아이들은 자기주도 학습력을 키우게 된다. 일방적으로 전달되는 정보를 습득하는 것보다 주도적 사고를 통해 정보를 흡수할 때에 훨씬 다양하고 광범위한 학습이 일어나게 된다.

이것이 바로 질문의 힘이다. 질문을 잘 활용하면 흥미를 유발하고 뇌를 활성화하며 즐거움 가운데 자기주도 학습을 일으킬 수 있다.

잘못된 질문은 뇌를 닫히게 만들기도 한다

그러나 언제나 주의할 점은 있다. 잘못된 질문은 상대의 뇌를 닫히게 만든다는 것이다.

잘못된 질문은 압박이나 추궁처럼 전달될 수도 있다. 그렇게 되면 우리의 의도와는 정반대의 결과로 이어진다. 답을 모르면 숨게 되고 틀릴 것 같으면 아예 말을 하지 않아버린다. 그리고 그 과정이 반복되면 생각을 꺼내보기 위한 사고 자체를 싫어하게 된다. 질문을 던지는 부모를 피하게 되는 것도 물론이다.

가장 주의해야 할 것은 아이와의 일상에서 사용하는 질문이 퀴즈가 되지 않도록 하는 것이다.

퀴즈는 정답을 요구하는 질문을 말한다. 긴장감 속에서 정답을 찾아내고 그것을 알아야만 답을 할 수 있다. 이러한 퀴즈는 놀이

중이나 학습 상황에서 필요한 경우 사용할 수 있지만, 일상적인 육아 장면에서 아이의 사고를 키워주기 위해 던지는 엄마의 질문은 퀴즈가 되지 않도록 해야 한다.

아는지 모르는지를 확인받고 있다는 생각이나, 정해진 정답을 찾아야 한다는 압박이 생활 속에서 자주 일어나면 아이는 이 상황을 회피하고 싶어진다.

우리가 만들어주고 싶은 환경은 편안하고 자연스럽게 부모와 자녀가 대화를 나누고, 부드러운 질문을 통해 아이가 대화에 더 잘 참여하여 자유롭게 생각을 펼치게 되는 것이다.

이를 도와줄 질문의 기술들을 살펴보자.

1. 아이가 대답하기 좋은 질문을 찾자

아이에게 하는 가장 좋은 질문은 아이가 대답하기 좋은 질문이다. 아이가 잘 알고 있는 것, 신나서 이야기할 수 있는 주제를 질문한다. 자신의 생각을 꺼내어 표현하는 것에 익숙해질 수 있도록 돕는 것이다.

지금 손에 들고 있는 것이나 하고 있는 놀이에 대한 질문이라면 대답하기 좋을 것이다. 최근 관심사나 이미 잘 알고 있는 것 또는 기억하기 좋은 시점에 대한 질문 등도 있다.

"우아 지금 사과 먹는 거야?" …▸ "응! 이거 사과야!"

마치 질문이라고 느껴지지 않을 만큼 쉽고 편안한 질문이다. 이런 작은 질문들이 쌓이면서 사고하고 소통하는 것에 익숙하게 만들어준다.

아이가 이제 막 새롭게 익힌 것이 있다면 그것에 대해 묻는 것도 좋다. 쉽게 대답하고 마음껏 뿌듯해 할 수 있도록 해주는 좋은 기회이다.

이제 막 빨간색을 익힌 아이에게 "이건 무슨 색이더라~?"라고 잘 알고 있는 것을 질문한다. 아이가 "빨강!"이라고 뿌듯하게 대답하면 그 모습에 칭찬을 넣어주면 된다.

인형놀이를 하는 아이에게 할 수 있는 질문을 살펴보자.

1. "인형이 많이 있네~ 이중에 어떤 인형을 좋아해?"
2. "아~ 그 인형이 좋구나, 그 인형이 왜 제일 좋아?"

아이가 좋아하는 것에 대해 엄마도 함께 흥미를 표현하며 질문을 하는 것이다. 아이는 신이 나서 자신의 생각을 설명할 수 있다.

질문의 수준은 아이의 발달 정도에 따라 다르지만, 아이가 무언가를 아는지 모르는지 확인하는 질문이 아니라 쉽고 편하게 대답할 수 있는 것을 골라서 질문하는 것이 포인트이다.

2. 정답이 없는 질문을 찾자

어떤 인형을 좋아하든 정답은 없다. 같은 질문을 다음에 하면 아이의 대답은 바뀔 수 있다. 얼마든지 좋다. 정답이 없는 질문은 열린 생각을 유도한다. 자유로운 아이의 대답에 긍정적 피드백을 반복함으로써 아이가 질문을 편안하게 느끼고 유연하게 자신의 생각을 펼칠 수 있도록 돕는 것이다.

바나나를 먹고 있는 아이에게 "바나나는 무슨 맛이 나?"라고 물었다. (물으면서 아이가 무슨 맛이라고 말할까를 떠올려봤는데, '바나나맛'이라는 뻔한 생각뿐 다른 표현이 생각나지 않았다. 그런데 어린아이가 무뚝뚝한 표정으로 '바나나가 바나나맛이지 뭘 물어요?'라고 한다면 정말 슬플 것 같다. 아이의 생각이 부모의 틀 안에 갇히지 않게 해야 하는 이유이다.)

"바나나에서 딸기맛이 나는데!" 아이가 말했다.

그 당시 아이가 가장 좋아하던 과일이 바로 딸기였다. 바나나에서 딸기맛이 난다고 하는 걸 보니, 그날 바나나가 꽤 맛이 있었던 모양이다.

"와 딸기맛이 나는구나~ 좋다~~"
"느낌은 어때? 엄마는 바나나 느낌이 엄청 부드럽네~"
"나도 나도! 바나나가 부드럽고 조금 미끄러워~"

정답이 없는 질문을 주거니 받거니 하면서 생각하는 힘을 키워주고 수평적 대화에 익숙해지도록 하는 것이다. 이러한 대화는 무언가를 수정하기 위한 대화가 아니라 자유롭게 열려있는 대화이다. 따라서 대화 중에 무언가 아이의 표현이나 정보를 고쳐주려 할 필요는 없다.

"바나나가 바나나맛이지 무슨 딸기맛이야!"라고 할 필요가 전혀 없는 것이다.

3. 눈에 보이는 것에서 보이지 않는 것으로

쉬운 질문, 아이가 잘 대답할 수 있는 질문을 찾는 방법 중 하나는 엄마와 아이가 함께 눈으로 확인할 수 있는 것을 가지고 질문하는 것이다.

다시 위에서 예로든 인형 질문을 살펴보자.

"인형이 많이 있네~ 이중에 어떤 인형을 좋아해?"
"아~ 그 인형이 좋구나, 그 인형이 왜 제일 좋아?"

첫 번째 질문이 바로 눈에 보이는 것으로 질문을 시작한 예가 된다. 눈앞에 보이는 많은 인형 중에 어떤 것이 좋은지 묻는 것으로 시작했다. 그러고 나서 보이지 않는 것, 즉 개인의 생각이나 느낌, 감정 등을 묻는 질문으로 이어간다.

아빠와 놀이터에서 한참을 놀고 땀을 흘리며 들어오는 아이에게 어떤 질문을 할 수 있을까? 눈에 보이는 것에서 먼저 시작하면 좋다.

"와~땀이 많이 났네, 아빠도 땀이 많이 났을까?"

아이가 아빠의 얼굴을 눈으로 확인하며 쉽게 대답할 수 있다. "응 이것 봐봐 아빠도 땀이 났어!" 또는 "아니 아빠는 땀이 안 났네! 나만 많이 뛰어서 나만 땀이 많이 났어~"라고 아이가 대답할 수 있다.

눈에 보이는 것에서 시작된 아이가 대답하기 좋은, 정답이 정해져 있지 않은 질문이다.

물론 놀이터에서 들어오는 아이에게 즉각적으로 생각나는 질문은 "재미있게 놀았어?"일 수 있다. 이것을 잠깐 보류하고 눈에 보이는 질문을 찾아 순서에 맞게 질문해야 한다는 이야기는 아니다. 자연스럽게 질문을 해나가 돼, 질문이 막힐 때는 눈에 보이는 것에서부터 재료를 찾으면 아이도 엄마도 편안하게 질문과 대답을 주고받을 수 있다.

유치원이 끝나고 돌아온 아이에게 "오늘 재미있었어? 친구들이랑 잘 놀았어?" 하는 질문을 먼저 할 수도 있다. 자연스러운 흐름이라면 문제 될 것은 없다. 그러나 질문이 혹시나 정답을 알고 있어야만 대답할 수 있거나 은연중에 정답을 요구하는 질문은 아닌지, 아이에겐 어렵게 느껴지는 질문은 아닌지를 한 번씩 체크해볼 필요가 있다.

아이가 어린이집을 다닐 때 하원하고 만나면 나의 첫 질문은 "재미있었어? 뭐 하고 놀았어?"였다. 쉽고, 정답이 정해져 있지 않으며, 아이가 잘 알고 있는 대답하기 좋은 질문이라고 생각했다.

그런데 아이가 자꾸 "몰라~"라고 대답하는 것이었다. 예상 답안 목록에 없던 '몰라'라는 대답을 들으니, 조금 걱정됐다.

'어린이집에서 별로 의미 없는 시간을 보내나? 놀이가 마음에 안 드나? 기억력이 너무 짧은가?'

한마디로 참 쓸데없는 걱정이 올라오기 시작했다. 티 내지 않으려 해도 이런 걱정은 표현이 되기 마련이다.

"왜? 어린이집 재미없었어? 생각이 잘 안 나??"

나의 의도와는 상관없이 아이에게는 추궁하는 느낌이 전달됐을 것이다. 뿐만 아니라 어느새 나의 질문은 "재미있었어!"라는 정답을 요구하고 있음을 발견했다. 아이는 어려서 하루의 놀이를 기억하고 그중 무엇이 본인을 즐겁게 한 것인지를 엄마에게 표현할 만큼의 표현력이 아직 없던 때였다.

"몰라"라는 대답 뒤에 따라온 엄마의 걱정 섞인 다음 질문은 자연스럽게 부정적인 길로 향해 간다. 부정어를 긍정어로 바꾸는 훈련을 오래 했음에도 불구하고 염려와 걱정의 마음은 부정적 단어를 불러왔다.

"재미없었어? 생각이 잘 안 나?"라는 질문에 아이는 "응"이라고 답하기 쉽다. 그럼 다시 엄마의 걱정은 이어진다. 선생님에게 아이가 일과 중에 신나게 지내는지 물으면 "너무 잘 지낸다"는 답만 돌아왔다.

우리가 '쉽다'라고 생각하는 질문이 사실은 쉽지 않은 질문인 경우가 많다. '아이가 잘 알고 있는 것, 대답하기 쉬운 것'이라고 생각하지만 그렇지 않은 것이다. 이럴 때는 네 번째 기술을 사용하면 좋다.

4. 정답이 노출된 질문

열린 질문으로 아이의 자유로운 생각을 끌어내야 하지만 그보다 더 중요한 것은 아이가 질문을 어렵게 느껴서는 안 된다는 것이다. 선생님에게 받은 일과표를 보고 정답을 노출한 질문을 던질 수 있다.

"오늘 뭐 하고 놀았어?"라는 질문을 "오늘 부채 만들기 놀이하는 사진 봤는데~ 부채를 직접 만든 거야?"
아이는 쉽게 "응! 오늘 부채 만들었어!"라고 답할 수 있다.

"부채는 뭐로 만들었어?"라는 질문을 "부채를 기다란 수수깡으로 만든 건가?"
"어떻게 꾸몄어?"라는 질문을 "좋아하는 색깔로 부채를 꾸몄어?"

질문이 너무 광범위해서 아직 어린아이에게는 정보를 선택해서 대답하는 것이 어려울 수 있다. 이때 엄마의 질문에 이미 부채 만들기, 수수깡, 색칠이라는 정답을 넣어두는 것이다. 그럼 아이는 노출된 정답을 신나게 자신의 것으로 만들며 추가적인 대답을 이어간다.

한참 숫자에 관심이 많은 아이와 엘리베이터를 타고 올라가면서 "우리집이 몇 층이지?"라고 묻는 엄마가 한쪽 손으로 정답 층수를 살짝 표시해주는 것이 바로 센스이다. 손바닥을 쫙 펴서 5라는 모양을 보여주며 호기심 어린 장난꾸러기 표정을 함께 해주는 엄마라면 정말 훌륭하다.

"5층!"

아이가 신나고 쉽게 정답을 말할 수 있도록 도와주고 칭찬해준다.

"오! 맞네!! 5층이네~ 잘 알고 있구나~ 멋지다!"

5. 사실 - 느낌 – 나아가기의 순서

다섯 번째 기술은 질문을 발전시키는 방향에 대한 것이다. 공통적인 사실에 대한 질문에서 시작해 개인적인 생각이나 기분, 느낌 등으로 끌어오고, 여기에서 생각이 한발 나아갈 수 있는 방향으로 질문을 이어간다.

> '사실'에 대한 질문은 모두가 공통으로 인지할 수 있는 것에 대한 질문을 말한다.

세 번째 기술에서 말한 눈에 보이는 것에서 시작하는 것도 이와 같은 패턴이다.

예를 들면 식사 중인 아이에게 "어떤 반찬 먹고 있어?"라든가 그림을 그리는 아이에게 "지금 뭐 그리는 중이야?"라고 묻는 것이다.

그냥 사실을 대답하면 된다. 이러한 '사실'은 모두가 함께 확인하기 쉽고 대부분 바로 공감이 된다.

"나 지금 꽃 그리는 거야!"

"아 그렇구나~", "진짜 그러네~"라고 바로 반응해주기 쉽다.

> 그리고 나서 '느낌'을 묻는 질문으로 이어간다.
> 느낌은 아이의 기분이나 생각도 포함한다.

"꽃을 그리는 거였구나~ 꽃이 많으면 기분이 어때?"

"꽃을 보면 어떤 느낌이 들어?"라고 물을 수 있다.

이때도 '생각'보다는 '느낌'이나 '기분' 같은 단어를 쓰는 것이 좋다. "어떤 생각이 들어?"보다는 "어떤 느낌이야? 어떤 기분이야?"처럼 말이다. 어릴수록 생각보다는 느낌이나 자신의 기분을 표현하는 것을 좀 더 편하고 쉽게 느낀다.

아이에게 대답의 보기를 주는 것도 좋다.

장조림 반찬을 먹고 있는 아이에게 "장조림이 부드러워? 쫄깃쫄깃해?"라고 물을 수 있다. 개인적인 느낌을 물으며 보기를 주면 대답을 쉽게 할 수 있다.

물론 생각을 물을 수도 있다. 이때 아이가 생각을 쉽게 할 수 있도록 엄마의 생각을 먼저 제시하는 것도 좋다.

"장조림 먹으면 키가 많이 클 것 같다. OO이 생각은 어때?"

아이의 사고 수준이 어느 정도 올라오면 충분히 자기 생각이나 느낌, 기분 등을 이야기할 수 있으니 굳이 가이드를 주지 않아도 된다.

그러나 그렇다고 해서 엄마의 생각이나 의견을 완전히 빼버리는 것은 바람직하지 않다. 이 시기에는 가이드의 용도로 엄마의 생각을 말하는 것이 아니라, 대화 친구의 위치에서 엄마의 생각을 말하는 것이 필요하다. 아이에게 질문하면서 그 질문이 일방적으로 느껴지지 않도록 서로의 생각을 나누는 것이다.

사실 - 느낌 다음으로는 '나아가기' 질문으로 이어간다.

'나아가기' 질문은 생각을 한 발 나갈 수 있게 하는 질문이다.

다음엔 어떻게 할지, 다른 건 또 뭐가 있을지, 어떻게 활용하면 좋을지, 완전히 새로운 어떤 생각과 연결할 수 있는지로 나아가는 질문이다.

"꽃이 많으면 기분이 좋아~"라고 대답한 아이에게

"맞아 엄마도 기분이 좋아! 또 기분이 좋아지는 게 뭐가 있을까? 기분이 좋아지는 걸 더 그려볼까?"라고 질문을 이어갈 수 있다.

"꽃을 보면 기분이 좋아지니까, 그럼 우리 이거 잘 그려서 다른 사람들도 기분 좋아지게 보여줄까? 누구한테 보여주면 좋을까?"라고 물을 수도 있다.

장조림 맛있게 먹고 키가 커지면 뭐가 하고 싶은지에 대해서 질문할 수도 있고 동물 친구 중에 키가 큰 친구는 누가 있는지, 그들은 뭘 먹을지 등을 이야기하며 생각을 확장할 수도 있다.

이러한 질문의 기술은 모두 질문이 주는 압박 요소를 줄이는 데 초점이 맞추어져 있다. 자기 생각을 편안하게 표현하며 사고를 확장하는 질문의 순기능만 살리기 위함이다.

대답하기 쉬운 질문, 답이 없는 열린 질문, 보이는 것에서 시작하는 질문, 심지어는 정답을 노출한 질문까지 사용하면서 쉽고 편안하게 대답할 수 있도록 돕는다. 더불어 스스로 생각을 꺼낼 수 있도록 돕는 질문이어야 한다. 여기에서 더 나아가 부드럽게 생각을 펼쳐갈 수 있는 질문으로 이어가며 사고를 촉진한다.

이런 시간을 통해 어릴 때부터 서로의 생각을 나누는 핑퐁 대화에 자연스럽게 노출된 아이는 커 가면서 점점 더 자기 생각을 확장하고 표현하는 일에 능숙해진다.

정리하기

* 좋은 질문은 아이의 사고를 확장하며 즐거움 가운데 자기주도 학습이 일어나도록 돕는다.

* 아이에게 하는 질문이 퀴즈가 되지 않도록 주의한다.

* 가장 좋은 질문은 아이가 대답하기 쉬운 질문이다. 아이가 하고 있는 것이나 잘 알고 있는 것을 질문하자.

* 힌트나 정답이 들어있는 질문도 좋다. 쉽게 이야기를 이어나갈 수 있도록 돕는다.

* 질문만 던지는 것이 아니라 엄마의 의견도 내며 핑퐁 대화에 익숙해지도록 하자.

좋은 행동습관을 만드는 기술

: 분명 찬스가 온다, 그때를 잡아야 한다

어릴 때 엄마는 아침밥의 중요성을 강조하셨다. 깜빡 늦잠을 자서 늦어버린 날에도 아침밥은 꼭 먹어야 등교할 수 있었다. 그렇게 자랐는데도 언제인가부터는 아침밥을 거르는 일이 많아졌다.

"또 아침밥 안 먹고 갔네! 너 그러면 안 된다고 했지! 나중에 아파봐야 정신을 차리지…."

엄마는 속상한 마음에 잔소리를 하셨다.

그런데 그 말을 들으면서 '내일은 꼭 아침밥을 챙겨 먹어야겠다'라는 마음이 생기지는 않았다. 오히려 무슨 오기인지 '아침밥 안 먹어도 아프지 않고 멀쩡하게 다니는 사람도 있다는 걸 엄마가 알았으면 좋겠다'라는 반항적인 생각이 들었다. 사춘기도 아니었는데 말이다.

그러던 어느 날, 웬일인지 일어나자마자 배가 고파서 아무 생각 없이 아침밥을 챙겨 먹은 날이 있었다. 그걸 엄마가 보더니 "아~ 네가 아침밥을 먹는 모습을 보니 내 마음이 참 좋네, 잘 챙겨 먹고 다녀줘서 고마워"라고 하는 거다. "뭘요~" 하며 넘어갔지만, 그때 내 마음속엔 '아, 내가 아침밥을 좀 더 잘 챙겨 먹어야겠다'라는 다짐이 생겼다.

사람의 마음이 참 신기하다. 좋은 일을 권하고 권해도 잔소리로만 듣더니, 마음이 담긴 칭찬 한마디에 마음이 움직인다.

이것은 어른에게도 아이에게도 동일하다. 우리가 자녀에게 좋은 행동을 원한다면 말이 잔소리로 전달되어서는 안 된다. 아이가 좋은 행동을 할 수 있도록 지속적인 솔선수범이 먼저 필요하다. 그리고 단 한 번, 우연히라도 그 행동을 했을 때, 그때를 놓치지 말고 아이의 행동을 긍정적으로 읽어주며 칭찬해야 한다.

좋은 행동습관 만들기

부모의 모델링 ⋯▸ 행동을 긍정적으로 읽어주기 ⋯▸ 칭찬

아이가 장난감을 정리하는 습관이 생기길 원한다면 "정리한 다음 놀이를 하면 훨씬 좋지~"라고 말하며, 엄마가 한쪽을 정리하면 된다.

아이가 알아서 장난감을 딱딱 정리하는 것은 사실 어색한 일이다. 아이가 했으면 하는 행동을 부모가 먼저 하는 것을 우리는 모델링이라고 말한다.

아이의 좋은 행동습관을 만들기 위해서는 부모가 먼저 좋은 행동을 지속해서 모델링하는 것이 필요하다. 그리고 그 행동은 어느 날 우연한 한 번의 행동으로 아이에게 나타난다. 엄마는 그 순간을 캐치해야 한다.

아이가 무의식적으로 블록을 블록 통에 집어넣었을 때, 엄마는 그때를 놓치지 말고 칭찬하는 것이다. 아이의 행동을 긍정적으로 읽어주면서 말이다.

"우아~ 다른 장난감 가지고 놀기 전에 블록 정리한 거야! 대단한데! 정말 많이 컸구나~ 멋지다~"

아이는 눈이 휘둥그레질지도 모른다. 그러려던 건 아니었기 때문이다. 엄마가 아이의 행동을 긍정적으로 해석하고 칭찬하는 것은 좋은 자극이 된다. '아, 이렇게 하면 좋은 거구나, 칭찬받는 일이구나!'라는 학습이 일어나게 된다.

"다 놀았으면 제자리에 두라고 했지!"
"정리하고 다른 거 꺼내야지!"

"다 쏟아졌잖아 이럴 줄 알았어, 정리부터 해야지 몇 번을 말하니~"

이런 말로는 결코 정리하는 행동을 습관으로 만들 수 없다. 물론 부모가 조금 더 강력한 말투나 단호한 행동을 보이면 일회적으로 아이의 행동을 끌어낼 수는 있다.

그러나 스스로에게 동기부여가 되지 않고 또 즐겁게 느껴지지 않는다면 그것이 자신의 것이 되기는 어렵다. 어린아이에게는 더더욱 그렇다. 잔소리나 협박성 멘트로 끌어낸 행동은 습관이 되기보다는 엄마가 안 봤으면 하는 거리감만 만들게 된다. 엄마가 관여하지 않는 환경, 엄마의 잔소리를 피할 수 있는 곳을 찾게 될 뿐이다.

좋은 행동을 습관으로 만들기 위해서는 100번의 잔소리를 쌓는 것이 아니라 단 한 번의 우연을 놓치지 않고 칭찬하는 것이 필요하다. 분명 찬스는 온다.

하루는 가위질을 연습하던 아이가 종이를 유난히도 자잘하게 잘랐다. 책상 아래로 하나하나 떨어뜨리면서 말이다. 자잘하게 잘린 종잇조각이 바닥에 흩뿌려지는 걸 보며 '또 다 내 할 일이구나'라고 생각하고 있는데, 아이가 갑자기 가위를 내려놓고 책상 아래로 들어가서 자신이 흘린 종잇조각을 하나하나 손바닥 위에

올렸다. 그러고는 나를 힐끗 보며 쓰레기통으로 걸어가서 손을 탈탈 털며 종잇조각을 버렸다.

바로 이때다!

> "와! 바닥에 떨어진 종이를 직접 정리한 거야?!" ⋯▶ 행동을 긍정적으로 읽어주기
>
> "아무도 말하지 않았는데 혼자 깨끗하게 정리했네! 정말 대단하다! 엄청 멋진데!!" ⋯▶ 폭풍 칭찬 넣어주기

자신의 행동을 긍정적으로 읽고 칭찬하는 엄마의 반응을 맛본 아이는 다음에도 그 행동을 하고 싶은 마음이 생기게 된다. 칭찬 열매의 달콤한 맛을 느낀 것이다. 아이는 이 달콤함을 더 많이 느끼고 싶어진다. 이렇게 만들어진 동기부여가 바로 아이의 좋은 행동을 만드는 촉진제가 된다.

정리하기

* 잔소리로는 좋은 행동습관을 만들기 어렵다.

* 부모가 좋은 행동을 지속해서 솔선수범하는 것이 먼저이다.

* 단 한 번, 우연히라도 아이가 좋은 행동을 했을 때를 놓치지 말아야 한다.

* 아이의 작은 행동도 크고 긍정적으로 읽고 칭찬한다. 스스로 뿌듯함을 맛보고 계속 그 행동을 하고 싶은 마음이 들어와야 자신의 것이 된다.

* 아이가 가졌으면 하는 행동 한 가지를 정하고 오늘부터 엄마가 그 행동을 먼저 보여주자.

주도성을 키우는 기술

: 선택, 누가 먼저 시작하느냐가 핵심이다

　우리의 삶은 태어나는 일 말고는 모든 것이 선택이다. 무엇을 먹을지, 어떤 옷을 입을지, 누구와 무엇을 하며 어떤 시간으로 하루하루를 채워나갈지 등 삶은 모든 것이 의식적 무의식적 선택의 집합이다. 스스로 삶의 주도권을 갖지 못하면 의식도 못한 채 타인에게 끌려다니는 삶을 살 수밖에 없다.

　그러니 아이가 자신의 삶을 주도적으로 이끌어갈 수 있도록 하는 일은 육아 전반에서 꼭 다뤄져야 하는 중요한 일이다.

　0~7세 아이에게 삶의 주도성을 논하기엔 너무 이르다고 생각할 수도 있겠지만, 결코 그렇지 않다. 먼저 시작한 사람이 더 많은 노하우를 갖는 것은 당연한 일이다. 아이의 때에 맞게, 아이의 수준에 맞는 선택권을 제공하는 엄마의 지혜가 필요할 뿐이다.

아이에게 선택권을 주는 첫 번째 방법,
수용할 수 있는 옵션을 주기

아이에게 선택의 기쁨을 맛보게 하기 좋은 장소는 마트이다. 3살쯤 되면 아이는 마트에서 충분히 한 역할을 해낼 수 있다. 엄마는 잘 익은 사과 두 봉지를 고르고 나서 최종 선택권을 아이에게 준다. 무턱대고 아이에게 골라보라고 했다가 아이가 황당한 것을 골라 수용할 수 없어지면 선택권을 준 의미가 없어진다. 엄마는 수용할 수 있는 두 가지 옵션을 제시하며 최종 선택을 아이에게 넘겨주는 것이다. 아이가 어떤 사과를 선택하든 엄마는 기꺼이 그 사과를 카트에 담을 수 있게 말이다.

"어떤 사과가 더 맛있을까? OO이가 골라줄래? 어떤 게 더 싱싱해보여?"

아이는 자신에게 주어진 선택의 권한을 기뻐한다. 어떤 기준을 발휘하는지 그 속을 다 알 순 없지만 이 순간 아이의 뇌는 바쁘게 사고한다. 잠시 고개를 갸웃하고는 한쪽을 고른다.

"오! 좋네! 맛있겠네~ 그래 이걸로 하자!"

아이가 선택한 사과는 즐겁게 카트에 담고 다른 사과는 내려놓으면 된다. 그렇게 콩나물도 한 봉지 고르고 호박도 하나 사며 카트를 채워나간다. 아이는 카트에 앉아 엄마아빠가 장보는 것을 지켜보기만 하는 것이 아니라 직접 선택하고 삶에 참여하며 기여하는 기쁨을 느끼게 된다. 이때 아이의 마음에는 소속감이 생긴다. 단단한 소속감은 행동에 자신감을 만들어주고 더 많은 도전이 가능하도록 해준다.

물건 몇 개 고르게 해준 게 뭐라고 이런 일이 일어날까. 하지만 이 시기의 아이는 삶의 모든 순간에서 영향을 받으며, 받는 만큼 성장한다.

저녁 메뉴를 고르게 할 때에도 엄마의 수용 가능한 범위 내에서 옵션을 주어야 한다. "저녁에 뭘 먹을까?"라고 물으면 아이도 선택하기 어렵고, 아이의 선택을 모두 수용해줄 수도 없다.

"오늘 엄마가 생선 반찬이나 불고기를 할 수 있을 것 같은데, 어떤 게 먹고 싶어?"
"저녁으로 국수를 먹을까? 아니면 볶음밥을 해 먹을까?"

엄마가 기쁘게 수용할 수 있는 옵션을 주는 것이 포인트이다. 육아는 아이만 즐거워서 되는 일이 아니다. 엄마도 육아가 즐겁고 쉬워야 한다.

아이에게 선택권을 주는 두 번째 방법, 목적지를 향해 있는 옵션 주기

아이에게 주는 선택 옵션은 엄마의 큰 그림 속에 있어야 한다. "잘 거야 안 잘 거야?" "먹을 거야 안 먹을 거야?" 같은 옵션은 좋지 않다. '안 잘래, 안 먹을래'를 선택하면 곤란해진다.

아이가 이제 정리를 하고 잠자는 것이 엄마의 큰 그림이라면 아이에게 주는 선택지에는 잠으로 가는 2가지 방법이 놓여 있어야 한다.

"이제 잘 시간인데 방에 가서 책 2권 읽고 잘까? 아니면 양치만 빨리 하고 잘까?"

단번에 잠이라는 목적지에 도착할 순 없어도 아이에게 주는 옵션의 방향은 목적지를 향해 있어야 한다.

"싫어, 안 자, 더 놀래"와 같은 옵션은 없다. 다만 자기 싫어할 수 있을 아이의 저항을 줄이고 스스로 목적지로 가는 방법을 선택할 수 있도록 돕는 것이다. 양치만 하고 빨리 자는 것보다는 그래도 2권의 책을 읽으며 조금 더 놀 수 있는 경우를 선택할 확률이 높다. 아이도 나름의 합리적 선택을 하고 엄마도 잠으로 한 발짝 아이를 데려가는 원원이다.

아이에게 선택권을 주는 세 번째 방법, 부분 선택권 주기

아이가 다양한 선택권을 가져보는 것은 분명 좋은 일이지만 뭐든 과하면 엄마가 힘들어진다. 엄마가 힘들면 지속할 수가 없다. 다양한 순간에 너무 많은 선택권을 주기 시작하면 엄마가 힘들어져서 포기하게 되기 쉽다.

아이에게 선택권을 준다는 것은 어떤 일을 엄마 혼자 할 때보다 2~3배 이상의 시간과 노력을 잡아야 한다. 엄마 혼자 후다닥 장을 보면 그만인 것을 아이의 의견을 묻고 참여시키면 훨씬 더 긴 시간이 소요된다. 물론 서로가 익숙해지면 시간은 줄어들지만 단번에 되는 일은 아니다.

아이에게 선택권을 줄 때에는 너무 많은 부분에 적용하지 말고 부분적으로 주어야 한다. 공원으로 나갈 준비를 하면서 아이에게 다음과 같은 선택권을 준다면 어떨까?

"어떤 옷 입고 나갈래?"
"공원에서는 공놀이를 할래? 비눗방울을 할래?"
"빨간 모자를 쓸까? 검정 모자를 쓸까?"

이렇게 많은 선택을 아이와 함께하면 외출 준비 시간이 길어지는 것은 물론이고 엄마의 진이 다 빠져버린다. 휘리릭 엄마가 준비한 옷과 준비물, 간식과 모자를 챙기고 아이에게 부분 선택권을 주는 것이다.

"공원에 가는 거니까 운동화랑 샌들 꺼내놨는데, 어떤 거 신을지 직접 골라볼래?"

이 정도면 충분하다. 아이가 엄마의 리더십 하에서 자신에게 주어진 부분 선택에 익숙해질 때 육아도 훨씬 수월해진다.

아이에게 선택권을 주는 네 번째 방법,
큰 문제가 생기는 것이 아니라면 그대로 두기

우리집은 어릴 때부터 신발만큼은 직접 고르도록 했다. 가지고 놀던 장난감을 빨리 내려놓고 외출을 위해 문 앞으로 가게 하려고 신발이라는 아이템을 활용했다.

"자 이제 옷 다 입었으니까 신발은 직접 골라봐~ 오늘은 어떤 신발이 좋을까? 날씨가 좋으니까 노란색 운동화는 어때?"

이렇게 운을 띄우면 아이는 장난감을 내려놓고 현관으로 바쁘게 왔다.

"내가, 내가!"

내가 고를 거라고 눈을 크게 뜨고는 신발장을 쳐다보며 야심차게 신발을 고른다. 가끔은 외출 목적이나 입은 옷과 영 맞지 않은 황당한 조합을 선택하는 날도 있었다. 조심스럽게 다른 것을 권해보지만 좀처럼 마음을 바꾸지 않는다. 이럴 때는 웬만하면 **그대로 두는 것이 좋다. 큰 문제가 생기는 것이 아니라면 말이다. 선택은 수용으로 연결되어야 의미가 있다.**

아이에게 선택권을 주는 마지막 방법, 결과와 연결해주기

선택과 책임은 세트이다. 선택했다면 그 결과에도 스스로 책임을 지는 것이다. 그러나 0~7세 아이에게는 책임에 대한 인식을 가르치기보다 아이가 선택한 것의 결과를 공유하며 느끼게 하는 정도가 좋다. 더 좋은 방향으로 이끄는 것은 부모의 몫이다.

해가 쨍쨍한 어느 날, 고집을 피우며 레인부츠를 골라 신은 3살

배기에게 "네가 선택한 것이니 아무리 더워도 어쩔 수 없는 거야"라며 책임을 가르치는 것은 적합하지 않다.

"오늘 비도 안 오고 더운 날인데 부츠를 신고 나오니까 불편한 것 같은데 괜찮아? 다음엔 조금 더 편한 신발을 신고 나오자~"

이렇게 권하며 선택과 결과를 연결해주면 된다.
물론 육아는 너무나 다양한 상황에서 일어나기 때문에 어떤 순간에는 필요에 따라 아이에게 책임을 알려줘야 할 수도 있다. 그러나 평가자의 자리가 아니라 참여자의 자리에서 어디까지나 아이를 돕고자 하는 마음이 바탕되어야 한다.
더 좋은 방법은 편안한 슬리퍼를 엄마가 살짝 챙겨 나가는 것이다. 그러고는 이렇게 말한다.

"신발 불편하면 얘기해, 부츠가 좀 불편할 것 같아서 슬리퍼 챙겨왔으니 원하면 갈아 신자~"

그런데 아이가 신발을 갈아 신고 싶어 할 때 기다렸다는 듯 "내가 너 그럴 줄 알았다! 그 신발 불편할 것 같다고 얘기 했지! 말 안 듣더니 어때 불편하지? 내가 너 땜에 못 살아~ 이거 부츠 무겁게 들고 다녀야 하잖아~"와 같은 말을 쏟아내서는 안 된다.

엄마가 쌓아온 삶의 노하우는 아이를 혼내거나 평가하는 데에 사용하는 것이 아니라 더 좋은 방향으로 이끄는 데 사용하여야 한다.

아이가 마트에서 골라온 물건들을 냉장고에 넣으며

"우리 오늘 진짜 싱싱한 것들로 다 잘 고른 것 같다~"

라고 다시 한번 이야기하거나 사과를 깎아 먹으며

"그날 OO이가 직접 고른 사과인데 정말 맛있다!"

라고 연결해준다. 조금 더 놀고 싶지만, 책 2권과 함께 침대로 가기를 선택한 아이에게도

"이렇게 같이 책 읽으니까 참 좋다~"

"이 책 진짜 재밌다! 시간이 더 늦었으면 책 못 읽을 뻔했는데 일찍 정리하고 와서 같이 책 읽을 수 있네!"

라고 아이의 선택의 긍정적인 측면을 이야기해주는 것이다. 이때 아이는 작은 성취감을 경험한다. 아이가 성공의 경험을 맛보는 것은 중요하다. 이 경험이 아이의 주도성을 촉진한다.

정리하기

* 아이는 삶에 참여하고 스스로 선택하며 주도성을 키워나간다.

* 엄마가 들어줄 수 있는 범위에서 선택 옵션을 준다. 선택은 수용으로 연결되어야 의미가 있다.

* 너무 많은 선택권을 주면 엄마가 지친다. 정도를 조절하자. 엄마도 즐거운 육아를 하는 것이 중요하다.

* 아이가 선택한 것은 웬만하면 그대로 한다.

* 아이 선택의 긍정적 측면을 이야기해주며 성취감을 경험하게 한다.

도전하는 아이로 키우는 기술

: 긍정적 기대를 담은 질문이 필요하다

특별히 영유아기는 아이가 새로운 도전을 많이 해나가는 시기이다. 아이는 혼자 바지를 입으려고 시도하고 혼자 숟가락으로 밥을 떠먹기 시작한다. 발뒤꿈치를 높이 들고 식탁 위에 다 먹은 우유 통을 올려놓으려 애를 쓰기도 한다. 아이는 매일 작은 도전들을 이어간다.

물론 아이에게는 시도 하나하나가 모두 대단한 도전이다.

기대를 담은 질문

이처럼 아이는 매일 작은 도전을 이어간다. 어떤 것은 실패하며 배우고, 어떤 것은 해내면서 배운다. 이 과정에서 엄마가 사용하면 좋은 말이 있다.

"할 수 있을까?"

바로 엄마의 기대를 담은 질문이다.
"이렇게 한번 해볼래?"라고 가이드를 주거나 "할 수 있어!"라고 응원을 하는 것도 물론 좋은 말이지만, 아이의 행동을 조금 더 즐겁게 촉진하는 말은 바로, "할 수 있을까?"이다.
몇 번 시도해도 마음처럼 바지 속으로 다리가 쏙 들어가지 않아 다음 시도로 연결하지 못하는 아이에게 우리는 이렇게 말할 수 있다.

"이쪽이 앞으로 오게 입으면 되는데, 혼자 할 수 있을까?"

아이가 조금 쉽게 입을 수 있도록 도움을 주면서 아이의 도전을 끌어내는 것이다.
"바지 혼자 한번 입어봐~", "오늘은 바지를 혼자 입을 수 있을 거야!", "혼자 한번 입어볼래?" 등의 말과는 다른 느낌을 준다.

하루는 아이가 스스로 화장실 불을 켜고 싶어했다. 까치발을 한참 들어도 손이 닿지 않자 낮은 의자를 버튼 아래로 가져가 그 위에 올라가서 누르려 하고 있었다.

"엄마~ 화장실 불 여기 올라가서 켜면 되지?"라고 묻는데 쌀을 씻다 말고 돌아보며 "응 그래, 거기 올라가서 켜면 되겠다~"라고 대답했다. 그런데 순간 '기대를 담은 질문'이 생각나서 다시 아이를 보며 말했다.

"할 수 있을까?"

불안한 표정으로 의자 위로 올라가려던 아이 표정이 갑자기 밝아지는 것을 봤다.

"응 나 할 수 있어! 엄마 봐봐~"

보란 듯이 올라가 불을 켜고 내려왔다. 뿌듯한 아이는 광대를 씰룩거리며 귀여운 표정을 만들었다. 쌀 씻던 손을 들어 엄지손가락을 올려주었다.
우리가 사용한 작은 표현 하나가 아이의 마음가짐을 바꿔준다. 더 구체적으로는 아이의 뇌 반응이 바뀌는 것이고, 별것 아닌 작은 순간이 긍정적 경험이 쌓이는 순간으로 변하는 것이다.
아이가 자기 스스로 "할 수 있어!"라고 선택하고 그 선택을 입으

로 표현할 기회를 만들어주는 것도 큰 의미가 있다. 자기 스스로의 도전에 힘을 불어넣는 것이다.

아이의 도전이 만들어지기까지 복합적인 요소가 필요하지만, 기대를 담은 질문은 우리가 바로 실천하기 아주 좋은 방법이다.

'너 혼자 할 수 있을까? 그치? 안 되겠지?'와 같은 마음을 담는 것이 아니라 '혼자 하다 안 되면 엄마가 얼마든 도와줄게! 천천히 다시 또 해보자~ 혼자 한번 해볼래? 할 수 있을까?'라는 마음이 담겨야 한다. 응원하고 지지하는 엄마이다.

정리하기

* 기대를 담은 질문이 아이의 도전을 촉진한다.

* 스스로 "할 수 있어!"라고 말할 기회를 만든다.

* 엄마는 말과 마음으로 든든한 지지자가 되어준다.

이해력 높은 아이로 키우는 기술

: 코렉션(correction)보다는 리핏(repeat)이 먼저이다

    영유아기에는 확실히 말을 쏟아부어야 하는 시기이다. 이 시기의 아이는 외부의 영향보다 가정에서 받는 영향이 더 크다. 보고 듣고 느끼며 학습하는 일이 가정에서 주로 엄마를 통해 일어난다. 엄마가 가능한 한 많이 말을 부어줘야 한다. 실제로 많은 논문에서 대화를 많이 하는 것이 아이의 지능에 긍정적 영향을 준다고 발표한 바 있다.

    많은 말을 들으며 자라는 아이는 이해력이 발달하고 분별력이 좋아진다. 아직 말을 배우기 전이라도 엄마의 말과 상황을 이해하며 맥락에 맞게 움직이기 시작한다. 이 놀라운 일이 분명 실제로 일어난다.

    아이의 이해력이 높아지면 무엇보다 좋은 사람은 엄마이다. 아

이가 엄마와 통하기 시작하면 하루가 다르게 육아가 쉬워지고 즐거워진다.

아이의 행동을 긍정적 언어로 읽어주기

아이의 이해력을 높이는 첫 번째 방법은 아이의 행동을 말로 읽어주는 것이다. 예를 들면 아이가 손을 뻗어 무언가를 잡으려 할 때 엄마는 그 행동을 읽어준다.

"손을 쭈욱 뻗었어? 이 위에 있는 게 궁금한 거구나? 한번 잡아보고 싶어?"

그런데 그냥 읽어주는 것이 아니라 '긍정적 언어'라고 한 것을 놓치면 안 된다.

"손을 쭈욱 뻗었어? 우아 손이 정말 길다~ 여기까지 뻗어본 거야? 대단한데! 이 위에 있는 게 궁금하구나~ 궁금한 건 참 좋은 거지~ 한번 잡아보고 싶어? 조심조심 잡아볼 수 있을까?"

두 배나 많은 말을 부어줄 수 있게 되었다. 그것도 긍정적 해석으로 말이다. 엄마는 아이의 행동을 긍정적으로 읽어주며 그 행동이 성공적으로 연결될 수 있도록 도와주면 된다.

반대로 아이의 행동을 부정적으로 읽는 것은 삼가야 한다.

"왜? 손 왜 뻗었는데? 뭘 또 어지럽히려고 그러는 거야? 그냥 가만히 있자. 어어! 안 된다고 했지. 내가 이럴 줄 알았어! 어이구~"

마치 엄마의 말을 따라가기라도 하듯 아이는 사고를 친다.

아이가 걸어가는 모습을 보면서 "조심조심 콩콩콩~"이라고 행동을 읽어주면 아이는 조심조심 걸어간다. 걸어가는 아이를 보고 "넌 왜 걷는 것도 그렇게 뒤뚱뒤뚱이니~"라고 하면 아이는 뒤뚱뒤뚱 걷는다. 신기한 일이다. 아이는 엄마를 흡수하며 성장한다.

상황을 말로 읽어주기

한번은 여럿이 공원에 갔다. 한 친구가 화장실에 간 바람에 화장실 근처에서 발걸음을 멈췄다. 그때 갑자기 아이가 "어디 어디?" 하면서 바닥을 두리번거리는 거다. 왜 그러냐고 묻자 아이는 "개미들이 있어서 멈춘 것 아니야?"라고 되물었다.

삶의 많은 상황이 우리에겐 익숙하지만, 아이에겐 그렇지 않다.

그래서 아이들은 같은 상황에서도 다른 것을 보고 쉽게 다른 생각을 한다. 물론 그 덕분에 아이들의 창의성은 특별하다. 아이 때에 이런 특징을 지속해서 발전시키며 창의성을 키울 수 있도록 해야 한다.

그러나 창의성은 맥락 안에서 발휘될 때 빛난다. 앞뒤 없이 너무 특이하기만 한 것은 결국 어우러지지 못하기 쉽다. 상황과 현상에 대한 이해력을 바탕으로 할 때 창의성도 유효성을 갖게 된다. **이를 위해 엄마는 아이에게 상황을 말로 읽어주며 모두가 느끼는 상황 속에 함께할 수 있도록 이끌어주어야 한다.**

사실 말을 할 줄 아는 아이는 엄마가 제대로 상황 설명을 안 해주면 질문 폭탄을 터트린다. '왜? 지금 어디 가는 건데? 누구를 만나? 왜 그런 거야? 이렇게 하면 안돼? 이건 왜 이런 거야? 왜, 왜, 왜?'라는 질문을 줄줄이 잇는다.

말을 아직 못 배운 아이는 질문을 못할 뿐, 이 궁금증을 그대로 가지고 있다고 생각하면 된다. 눈을 동글동글 돌리며 여기저기 바라보는 아이에게 엄마는 상황을 말해주고 또 말해주며 참여시켜야 한다. 엄마의 설명 속에서 아이는 총기를 갖게 되고 이해력을 키우게 된다.

코렉션보다는 리핏이 먼저

아이가 어설프게라도 말을 하기 시작하면 그 말을 따라 해주는 것이 좋다. 아이가 하는 말을 그냥 들리는 대로 따라 하는 것이다. 아이가 말을 배우면서 하게 되는 귀여운 표현들을 이만큼 나이를 먹은 우리도 해볼 좋은 기회이다.

이때 굳이 아이의 말을 정확하고 바르게 고쳐주려 하지 말고 그냥 함께 많이 따라 해주는 것이 좋다. 아이의 뇌가 정확한 표현을 신경 쓰는 한 단계의 노력을 줄여주는 것이다.

길을 가는데 갑자기 한 외국인이 길을 묻는다고 생각해보자. 외국인이 하는 모든 단어가 쏙쏙 들리지는 않아도, 전체 문장의 분위기와 들리는 몇 가지 단어를 캐치해서 적당히 이해한다. 그러고는 적당히 대답한다. 단어 하나하나의 뜻을 모두 알아들은 건지, 문법과 단어를 맞게 쓴 건지, 상황에 맞는 적당한 표현을 쓴 건지, 이 모든 걸 생각하려 들면 웬만한 수준이 아닌 이상은 그냥 말문이 막혀버리기 쉽다.

어설프게라도 말을 내뱉는 것은 아이 입장에서는 엄청난 도전이자 놀라운 발전이다. 그 일을 충분히 편안하게 할 수 있도록 해주는 것이 필요하다. 아이의 말을 따라 말해주면서 말을 쌓아준다. 아이가 편안하게 영역을 넓혀갈 수 있도록 해주는 것이다.

정리하기

* 아이의 행동을 긍정적 언어로 풀어서 읽어주자.

* 모두가 느끼는 상황을 아이도 공유할 수 있도록 상황설명을 해주자.

* 창의성도 이해력을 바탕으로 발휘될 때 빛난다.

* 아이가 말을 하기 시작하면 하는 말을 많이 따라 해주자. 아이의 말이 어설퍼도 굳이 고쳐주려 하지 않아도 된다.

* 많은 말을 들으며 자란 아이는 이해력이 발달하고 상황을 읽는 능력이 좋아진다.

모델링 기술

: 아이는 '보고 배울 것'이 필요하다

　미국에서 러닝퍼실리테이션(학습촉진기법)을 공부할 때 한 수업에 참관한 적이 있다. 수업이 끝나갈 무렵에 강사는 아이들에게 "오늘 수업에서 배운 내용을 10분간 각자 노트에 정리해 볼까요"라고 제안했다. 대부분의 아이는 노트에 적어나가기 시작했지만, 한쪽의 몇몇 아이들은 대화를 멈추지 않았다. 강사는 조용히 그 친구들 쪽으로 가서는 어떤 행동을 했다. 강사가 그 친구들에게 한 행동은 어떤 것이었을까? 잠시 생각해보면 좋겠다.

　나는 그때 그 강사가 한 행동이 아이의 행동을 우리가 원하는 방향으로 이끌 때 사용할 수 있는 가장 바람직한 방법이라고 생각한다.

아이들은 '보고 배울 것'이 필요하다. 사랑하는 아이가 잘 되길 바라는 마음에서 좋은 습관을 지녀야 한다고 늘 강조하지만, 결국 아이가 배우는 것은 말이 아니라 엄마아빠의 행동이다. 감탄육아는 좋은 행동을 솔선수범하여 아이의 바른 성장을 촉진시킨다.

이쯤 되면 강사가 어떤 방법을 사용했을지 상상이 가는가?

강사는 자신의 노트와 펜을 들고 조용히 아이들 근처로 갔다. 그러고는 자신의 노트를 펴놓고 수업 내용을 적어 내려갔다. 아이들에게 어떤 제제의 말이나 행동을 하지 않았다. 엄한 표정을 지은 것도 아니다. 그저 아이들이 해야 할 행동을 직접 보여줬을 뿐이다. 그러자 아이들은 대화를 멈추고 각자의 노트에 쓰기 시작했다.

이것이 바로 모델링이다. **모델링은 모범을 통해 부드럽게 좋은 행동으로 이끄는 기술이다. 아이가 했으면 하는 행동을 아이보다 한발 앞서서 하는 것이다.**

아이가 밥을 잘 먹기 원하면 엄마아빠가 먼저 밥을 맛있게 먹는다. 아이가 책을 가까이하기를 원한다면, 먼저 책을 즐기는 부모가 되어야 한다. 아이보다 먼저 웃고, 먼저 씻고, 먼저 인사하고, 먼저 움직인다. 그렇게 보고 배울 것을 충분히 제공하면 된다.

한 강의에서 만난 어떤 엄마는 내게 이런 말을 했다.

"저는 못해서요… 저는 못한 게 너무 아쉬워서 아이라도 꼭 그렇게 하라고 잔소리를 계속하게 돼요…."

그 엄마의 마음 안에 얼마나 자식을 사랑하는 마음이 있는지 충분히 이해한다. 우리는 아쉽게 놓쳤지만, 자식에게는 꼭 주고 싶은 마음에 자꾸 강조하고 강조하게 되는 일들이 있다.

바로 그때가 가장 좋은 기회이다. 함께 그 습관을 위해 노력을 시작하는 것이다. 아이에게 말로만 강조하는 것이 아니라 아이에게 보여주기 위해서라도 나를 발전시키는 것이다. 노력하는 모습 그 자체가 좋은 모델링이다.

모델링의 또 한 가지 좋은 점은 부모자식 간의 좋은 관계를 지속시켜 주고 더 나아가 강화해준다는 점이다. 잔소리는 줄이고 좋은 모델이 되려고 노력하는 부모를 아이는 존경하고 사랑할 수밖에 없다.

생각해보기

* 아이가 가졌으면 하는 좋은 습관 한 가지를 생각해보자.

* 나도 그 습관을 지니고 있는지 생각해보자.

* 아이에게 솔선수범하는 모습을 보이자.

리얼의 힘

: 놀이 말고 실제 삶의 참여기회에서 소속감과 자신감을
 갖게 된다

새로운 장난감을 가지고 놀던 아이도 한쪽 방에서 드르륵 드릴로 벽을 뚫는 소리가 나면 달려온다.

"나도 보고 싶어~" 하며 까치발을 든다.

"과일주스 만들어줄까?" 물으면 "응~"이라고 말하던 아이가 어느 순간 "내가 내가! 내가 해볼래!"라며 낮은 의자를 들고 와 올라선다.

깎아 준 과일을 믹서에 넣는 일도, 믹서 버튼을 누르는 일도, 지켜보다가 잔에 따르는 일도 직접 하고 싶어 한다.

엄마는 불안하기도 하고 번거롭기도 하다. 그래도 아이는 눈을 반짝반짝하며 달라붙는다.

아이는 실제 생활에 참여하며 소속감을 느낀다

사람에게는 기여하고자 하는 욕구가 있다. 어린아이도 같다. 자신이 기여한 일에 애정이 생기고 그것에서 더 많은 즐거움을 느낀다.

엄마가 청소를 시작하면 물티슈를 뽑아 들고 따라다니는 것은 한두 집 이야기가 아니다. 우리는 다만 아이가 기여할 수 있는 기회를 만들고, 좋은 가이드가 되어 사이사이에 칭찬을 넣어주면 된다. 아이를 참여시킬 순간은 생활 곳곳에 있다.

- 외출이나 여행 짐을 쌀 때 자신의 물건 중 챙기고 싶은 것을 골라 직접 가방을 싸게 하기
- 청소나 빨래를 할 때 간단한 역할을 나누어주기
- 밥을 먹을 때 숟가락을 챙기거나 반찬을 식탁으로 옮기는 일을 분담하기
- 아침에 일어나 침구 정리하는 일을 함께하기
- 장난감 통에서 원하는 장난감을 직접 찾아오게 하거나 정리할 위치를 직접 정하도록 하기
- 간단한 요리 함께하기

귀찮거나 번거롭게 생각하지 말고, 아이에게 적당한 역할을 주

고 생활에 참여하도록 이끌어야 한다. 아이가 아주 어릴 때에도 가능하다. 아이가 걷거나 말하지 못할 때에도 아이의 행동을 읽어주면서 아이가 생활에 기여하도록 도울 수 있다.

아이가 가지고 있던 장난감을 우연히 엄마 앞에 놓으면 "우아~ 장난감 엄마가 정리할 수 있게 준 거야?! 고마워~"라고 읽어준다.

맞다. 꿈보다 해몽이다. 아이가 아무것도 못해도 엄마는 아이를 삶에 참여시킬 수 있다. 실제로 기여한 것은 아니지만 기여하는 기쁨을 맛보여주는 것은 엄마의 능력이고 필요하다.

아이에게 작은 역할을 나누어주고 생활 곳곳에 참여시키자. "위험해", "복잡해", "나중에"라고 막지 말고 하나씩 천천히 함께 해나가는 것이다.

정리하기

* 엄마가 뚝딱 해버리는 것보다 아이와 함께 천천히 하는 것이 더 좋다.

* 놀이나 장난감으로가 아니라 진짜 생활에서 아이가 함께할 수 있는 부분을 찾자.

* 아이는 실제 생활에 기여하는 기회를 통해 소속감을 느끼고 자신감을 얻는다.

Chapter 5

내려놓기

내려놓기만 해도
좋은 것들이 있다

평가자 부모는 평가자 아이를 만든다.

새로운 정보나 상황을 만나게 되었을 때

긍정적이고 열린 사고로 생각하기보다는

'맞는지', '맞지 않는지'를 평가하는 것에 열을 올리게 된다.

완벽주의

: 완벽해서 사랑하는 것이 아니다

우리는 자식들을 너무나 사랑한다. 어떻게 된 일인지 시간이 지날수록 그 사랑은 커져만 간다. 그러다 보니 때로는 욕심을 부리기도 한다.

더 잘 해주고 싶고 더 좋은 환경을 제공해주고 싶다. 표현 방법은 가지각색이지만 그 내면에 있는 아이를 향한 사랑과 최선을 다하고 싶은 우리의 마음은 모두 동일하다. 혹시나 엄마가 놓쳐서, 엄마가 잘 몰라서 아이에게 아쉬움을 주는 일이 생기지 않도록 엄마로서 최선을 다하고자 한다.

완벽해서 사랑하는 것은 아니다

그런데 우리가 우리의 부모를 사랑하는 마음을 생각해보면 그들이 우리를 완벽하게 키워주었기 때문은 결코 아니다. 다르게 말하면 우리 아이가 우리를 사랑하는 것도 우리가 완벽하기 때문은 아니라는 것이다. 육아가 가장 사랑하는 존재를 대상으로 하는, 정말 잘 해내고 싶은 욕심 나는 일이긴 하지만, 완벽주의가 우리의 표정을 험상궂게 만들도록 두어서는 안 된다. 사랑이 만들어 낸 완벽주의를 내려놓아야 한다.

자기도 모르게 이마에 힘을 잔뜩 준 채 인터넷 사이트의 정보를 놓칠세라 들여다보는 엄마의 모습은 아이에게 따듯함으로 전해지지 않는다. 그렇게 검색해서 알아낸 교육기관에 선착순 등록을 하고, 아이에게 가장 무해하다는 구하기 어려운 식기세트를 구입했다고 해서 아이가 더 잘 크는 것은 아니다. 잘하려고 애를 쓰다 터져버린 엄마의 번아웃(한 가지 일에 지나치게 몰두하던 사람이 극도의 신체적·정신적 피로로 무기력증 등에 빠지는 증상)을 아이가 받아들이기엔 어려운 일이다.

충분한 정서적 교감, 그것이면 충분하다

우리는 완벽하지 않아도 괜찮다. 가장 좋은 것을 제공해줘야만 하는 것은 아니다. 엄마가 찾아낸 육아 정보나 때에 맞게 제공되는 학습·도구·환경의 탁월함이 아이를 훌륭하게 만드는 것이 아니다.

우리가 놓치지 말아야 할 것은 아이와의 충분한 정서적 교감, 그것이 끊어지지 않도록 하는 일이다. 좋을 때에는 좋은 표현을 나누고 힘들거나 슬플 때에는 또 그 상태를 자연스럽게 아이와 공유하는 것, 그것이면 충분하다.

"오늘은 엄마가 너무 피곤하네."
"슬픈 일이 있어서 마음이 힘들어."

엄마와의 애착이 제대로 형성되지 않았거나 심하게는 애증의 관계로 변질되어 있는 관계를 상담해보면, 서로에 대한 오해가 깊은 경우가 대부분이다.

부모자식 간의 오해는 감정의 교류가 적은 경우에 주로 발생한다. 어떤 현상에 대해 서로가 느끼는 생각이나 감정을 나누고 공감대를 만드는 일을 놓쳐버린 것이다. 현상을 해결하는 것에 집중해 각자의 방법으로 애를 쓰지만, 서운함이 쌓이는 관계가 되기 쉽다.

집안 사정으로 어쩔 수 없이 아이를 자주 집에 혼자 둬야 했던 한 엄마는 아이에게 늘 이런 말을 했다고 한다.

"어쩔 수 없지, 상황이 이런데. 너도 이겨내야지!"

엄마의 말에 아이는 아무 말 못하고 견뎠지만, 어느 때부턴가 엄마를 미워하기 시작했다고 한다. 그러고는 그대로 사이가 점점 멀어졌다.

엄마는 굳세고 강인하게 상황을 헤쳐나갔지만, 아이와 마음을 나누며 감정을 공유하는 것을 놓쳤다. 엄마는 엄마대로 애를 썼지만 아이는 아이대로 불안함, 서운함, 원망이 쌓여만 갔다.

나중에 알아차리고 관계 회복을 위해 대화를 다시 시작해 봐도 쉽지 않다. 계속해서 해왔던 일, 행동, 사건에 대해서만 이야기한다면 말이다. 이들에게는 서로의 감정과 솔직한 생각을 부드러운 언어로 표현하는 것이 너무 어색한 것이다.

> 내가 그래도 밥은 항상 다 차려놓고 나가지 않았냐.
> 그때 사정이 이러이러해서 어쩔 수 없었다.
> 사실 그때 엄마 몸도 이만큼이나 안 좋았다.

이런 이야기는 그때도 알고 지금도 아는 사실이지만 이 사실의 확인이 관계를 따듯하게 이어주는 것은 아니다.

"사실 엄마가 너를 혼자 두는 게 마음이 너무 안 좋아. 너무 미안해. 그런데 지금 상황이 정말 어쩔 수가 없구나. 엄마도 최선을 다할 테니까 너도 조금만 이겨내 줘. 정말 고마워."

엄마의 마음을 솔직하게 나누고 아이의 마음을 감싸 안아주며 함께 삶을 이어나가는 것이 필요하다.

사실 완벽한 상황이란 건 없다

엄마가 전업주부이든 워킹맘이든, 장난감이 다양하든 몇 개 없든, 어떤 유치원을 보내고 어떤 교육을 하든 상관없이 사실 아이는 어디서나 즐겁고 건강하게 자랄 수 있다. 엄마와 정서적 교감만 잘 이루어지고 있다면 말이다.

그러니 가끔은 두 손을 탈탈 털고 천천히 고개를 한 바퀴 돌리며 우리의 긴장을 풀어내자. 가장 사랑하는 아이에게 가장 좋은 것을 주고 싶다는 이유로 완벽한 육아를 위해 온몸에 힘을 잔뜩 주고 있는 것은 아닌지 생각해보고 마음을 내려놓자.

완벽하지 않아도 괜찮다. 오늘 나의 기분과 생각을 종알종알 아이에게 이야기해주는 그런 엄마라면 완전히 충분하다.

정리하기

* 완벽하게 잘하고 싶은 마음을 내려놓자.

* 엄마와 정서적 교감만 잘 이루어지고 있다면 아이는 어디서든 즐겁고 건강하게 자랄 수 있다.

타인을 의식한 말

: 아이가 말을 안 들을 때에도 우리는 아이와 한편이다

백화점이나 쇼핑몰 유아 휴게실을 사용하다 보면 막 울며 떼를 쓰는 아이와 대치 중인 엄마를 가끔 만난다.

"너 이럴 거면 앞으로 집에만 있어!"
"내가 너 이럴까 봐 안 데리고 나온다고 한 거야~"
"애 진짜 왜 이래? 왜 이렇게 시끄럽게 울어?"
"가~ 그냥 가자~ 내가 널 데리고 뭘 하겠니…"

힘이 든 엄마가 아이를 향해 쏟아내는 말들이다.
유아 휴게실은 아직 기저귀를 차는 아이들이 주로 이용한다. 그러니 이런 말을 듣는 아이들은 대부분 만3세도 안 된 아주 어

린아이들이다. 사실상 정확한 대답이나 실질적인 대화가 어려운 어린아이를 상대로 엄마가 이런 말을 하고 있는 것이다. 어렵게 한 외출인데 아이의 비협조가 너무 힘든 엄마의 마음은 충분히 이해한다. 하지만 말에는 힘이 있다. 그렇기에 이 말들을 한 번 돌아볼 필요가 있다.

이 말들은 누구에게 하는 말일까?

당연히 아이에게 한 말일까? 누가 듣기를 바라고 한 말은 아닐까?

이런 말들은 마치 아이에게 하는 말 같지만, 조금 더 깊이 생각해보면 주변 사람들, 즉 '타인을 의식한 말'이다.

아이의 울음이나 떼로 주변 사람들이 불편을 겪게 되고, 엄마는 그 순간이 민망하고 불편하다. 그래서 이런 불편한 상황을 만든 아이를 향해 이런 말들을 뱉어내는 것이다. 다른 사람을 의식하면서 말이다. 어쩌면 다른 사람이 내 아이를 향해 비난의 말을 하지 못하도록 하는 무의식적 방어에서 나온 말일 수도 있다.

어떤 이유든 이 말은 아이를 향해 있지만, **사실은 '타인을 의식한 말'이다.**

우리가 진짜 해야 하는 말은 무엇일까?

우리가 다른 사람에게 불편을 주고 있다고 생각될 때 엄마가 진짜 해야 할 말은 무엇일까?

"너무 시끄럽죠, 죄송합니다."
"아이가 도통 달래지지 않네요, 조금만 이해 부탁드려요."

이것이 엄마로서 책임감을 가진 말이다.

큰 소리로 먼저 아이를 비난함으로써 불편한 상황을 만든 원인을 모두 아이에게 넘기는 것이 아니라, 아이와 한팀의 리더로서 상황을 정돈하는 것이다.

'타인을 의식한 말'은 순식간에 아이의 안전감을 깨지게 만든다. 아이는 아직 그에 맞게 대꾸하거나 서운함을 표현할 수 없을 만큼 어리지만, 엄마의 감정은 전달되고 영향을 받는다.

만약 정말 아이가 듣기 원해서 그 말을 한 것이라면 다른 사람이 잔뜩 있는 곳에서 크게 말하기보다는 먼저 그 상황에 잘 대처하고 나중에 아이와 일대일로 이야기를 하면 된다.

"사람이 많은 곳에서 너무 떼를 써서 엄마가 많이 힘들었어. 이렇게 하면 엄마가 너랑 외출하기 힘들다!"라고 말이다.

우리는 아이와 한팀에 서야 한다

조금 더 큰 아이들과의 상황을 생각해보자.

사람이 제법 탄 승강기에서 아이들이 장난을 쳐서 눈살이 찌푸려지는 상황이 생겼다.

"사람 많은 데서 장난치지 말라고 했지!" 엄마가 한소리를 한다. 따끔하게 아이들에게 주의를 시키는 것 같다. 그런데 이 말 속에는 '나는 아이들에게 장난치지 말라고 이미 잘 말했지만 아이들이 지금 그걸 지키고 있지 않다'라는 숨은 메시지가 들어 있다.

말은 아이들에게 하고 있지만 이것 또한 '타인을 의식한 말'이다. 대화가 통하는 나이의 아이들이니 물론 직접적인 훈계의 역할을 하는 것도 사실이다. **그러나 타인과 함께 있는 자리에서 우리는 더더욱 아이와 한팀이 되어야 한다.**

작은 소리로 아이들에게 장난을 멈출 것을 표현하고 불편을 겪게 된 다른 사람에게 대신해서 미안함을 표현하는 것이 좋은 리더의 모습이자 좋은 모델링이 된다.

"아이고 아이들이 너무 장난을 쳐서 죄송합니다."

이렇게 정중하게 사과하면 아이들은 윽박지르지 않아도 장난을 멈춘다. 엄마가 조용히 손가락을 입으로 가져가며 '쉿~'이라고 만 해도 된다. 무서운 표정을 할 필요도 없다.

아이들이 시끄러운 상태라면 승강기를 타기 전 엄마가 먼저 지혜를 발휘할 수도 있다. 마치 조용히 해야 하는 놀이를 시작한 것처럼 하는 것이다.

사람이 많은 환경에서 아이를 혼내서 상황을 제압하는 것은 좋은 훈육이 아니다. 다소 불편한 상황에서 엄마 혼자 빠져나가 버리는 것과 같다. 아이들만 남겨둔 채 타인과 한팀이 되어버린 것과 같다.

아이가 공공시설에서 정도 이상으로 장난치는 것을 반복한다면 '장난치지 말라고 했지!' 한마디로 넘어가 버릴 일이 아니다. 상황을 바르게 대처하고 난 후 아이와 단둘이 있는 상황에서 단호한 목소리로 정확하게 훈육해야 한다.

보호자로서 바른 오너십을 발휘해야 한다

'타인을 의식한 말'은 무의식적으로 많이 사용된다. 마치 상황을 바로잡고 아이를 훈계하며 바르게 인도하는 것이라고 착각하면서 말이다. 먼저 이것이 착각임을 분명하게 인지해야 한다. 어디까지나 타인을 의식하며 불편한 상황에서 본인을 보호하는 말이다. 화나 짜증의 감정을 그대로 아이에게 던지며 아이와의 관계에서 평가자의 위치에 서버리는 말이다.

"내가 분명 이렇게 하면 안 된다고 몇 번을 말했니~"
"내가 너 이럴 줄 알았다!"

이런 말로 아이 뒤에 숨는 부모가 되지 말자. 이런 말은 훈계가 아니라 비난일 뿐이다. 아이에게 작은 상처가 된다. 주저앉아 엉엉 울어버릴 정도의 상처는 아니지만, 이런 말은 아이에게 가늘고 얕은 상처를 낸다. 이런 상처가 쌓여서 큰 상처로 남는다. 그걸 원하는 부모는 아무도 없을 것이다.

이런 말에 무던해지고 상처에 익숙한 아이가 되지 않도록 우리가 아이의 보호자로서 바른 책임감을 발휘하며 '타인을 의식한 말'을 바로잡아야 한다.

정리하기

* 타인을 의식해서 아이에게 비난의 말을 하지 않도록 조심하자.

* 우리는 아이와 한팀이자 팀의 리더이다.

* 훈육이 필요하다면 리더로서 상황을 잘 해결한 후, 아이와 따로 대화하여 행동을 고쳐준다.

일관성의 늪

: 일관성을 잘못 사용하면 편협함이 된다

"안 되는 건 안 되는 거야!"
"한 번 허용해주면 두 번 세 번 또 그러려 들 거야!"
"저번에는 이렇게 했으니 이번에도 이렇게 해야 해!"

이러한 말과 생각이 어떻게 느껴지는지 잠시 생각해보면 좋겠다. 사실 이런 말은 부모가 철저하게 평가자의 위치에 자리하면서 나오게 된다. 관리하고 감독하며 훈련과 통제를 통해 아이를 부모의 목적지로 이끌어갈 때 사용하는 방법이다.

아이의 삶에 참여자로 함께하며 감탄육아를 할 때 가져야 하는 일관성의 틀은 완전히 달라야 한다.

일관성의 늪

우리가 일관성 있는 부모가 되기 위해 주로 세우는 규칙을 살펴보자.

- 식사는 항상 식사시간에 하고 안 하면 치운다.
- 3번의 기회를 주지만 계속 말을 안 들으면 단호하게 혼낸다.
- 아무리 떼를 써도 안 되는 건 안 되는 거다.
- 한 명에게 허락하지 않은 것은 다른 형제자매에게도 동일하게 안 된다.
- 다른 건 몰라도 거짓말하는 것은 용서하지 않는다.

여러분에게 들은 이야기를 이렇게 나열해놓고 보니 조금 무서운 느낌마저 들기도 한다.

여기에서 우리가 발견할 수 있는 것 한 가지는 일관성을 지키기 위해 세운 기준 대부분이 부정적인 단어로 되어 있다는 것이다. 또 다른 한 가지는 광범위한 기준 같아 보이지만 꽤 세부적인 기준이라는 것이다.

0~7세 아이를 키우다 보면 하루의 한 번 이상 이런 장면을 맞

닥트리게 된다. 밥을 돌아다니며 먹기 일쑤이고, 몇 번이고 말해도 듣지 않고, 자기 뜻대로 되지 않으면 떼쓰고 울고, 진짜 기억이 나지 않는 것인지 의도적인 것인지 분간하기 어려운 거짓말을 하고 등등을 기준을 정해 통제한다는 말이다.

여기서 더 깊은 일관성의 늪에 빠지면 더 많은 기준이 세부적으로 생겨난다. 하루에도 꼭 지켜야만 하는 일들이 수도 없이 많아지는 것이다.

- 아침에 일어나면 가장 먼저 양치를 한다.
- 밥은 꼭 제자리에서 먹어야 한다.
- 과일이나 달콤한 음식은 식사 후에만 허용한다.
- 밥을 충분히 먹지 않았으면 과자를 먹을 수 없다.
- 책을 3권 읽어야 자유 놀이 시간을 준다.
- 3번까지는 봐주지만 더 말하게 하면 혼을 낸다.
- 10번을 잘하면 1개의 선물을 사준다.
- 다른 건 몰라도 인사를 제대로 안 하는 건 용납하지 않는다.
- 어떤 일이 있어도 자기 전에는 양치해야 한다 등등.

일관성을 잘못 사용하면 편협함이 된다.

작은 규칙이 많아지고 상황에 이미 정한 패턴으로 반응하며 관계를 길들인다. 극단적인 예이긴 하지만 저 규칙 안에서 생활을 한 아이는 결코 창의적이거나 넓은 사고를 갖기 힘들 것이다. 스스로 엄청난 노력을 하지 않는 한, 틀 안에서 사는 것을 편하게 생각하며 벗어나려고 하지 않게 되어버린다.

특별히 0~7세 시기에는 이런 많은 규칙은 별로 좋지 않다. **이 시기는 아이가 규칙을 익히며 틀 안에서 자리잡고 사회화되는 법을 배우는 시기가 아니다. 말 그대로 뛰어노는 시기, 마음껏 해보는 시기, 더 많이 시도하고 더 자유롭게 생각해보는 시기여야 한다.**

우리는 아이 삶의 참여자이다. 서로의 의견을 공유하고 함께 생각하며 상대의 의견을 듣는 과정을 거치며 삶을 함께 만들어간다. 일관성을 바탕으로 기준과 규칙을 내세울 일이 현격히 줄어든다. 우리에게는 충분한 유연성이 필요하다.

긍정적인 표현으로 세우는 넓은 범위의 일관성

감탄육아를 하는 부모의 일관성은 달라야 한다. 통제를 위한 규칙의 일관성이 아니기 때문이다. 넓은 범위에서 긍정적인 표현으로 일관성의 기준을 세워야 한다.

예를 들면 이렇다.

- 어떤 일이 있어도 아이를 지키기 위해 최선을 다한다.
- 나와 완전히 대립하게 되는 상황에서도 항상 아이를 사랑한다.
- 아무리 답답해도 아이를 인격적으로 존중한다.
- 최대한 설명하고 기다리며 아이의 속도를 생각한다.

어떨 때 혼낼 것인지, 어떨 때 단호하게 거절할 것인지, 무엇이 안 되는지를 정확하게 정하는 것이 아니라, 어떤 방법으로 아이를 사랑할 것인지, 부모로서 해야 할 일을 해냄에 있어 흔들리지 않을 수 있게 방향을 정하는 데에 일관성의 관점을 두는 것이다.

아이가 좀 더 크면 부모와 함께 삶의 규칙을 정하고 지켜가는 과정을 통해 또 다른 성취와 기쁨을 느낄 수 있게 해주면 된다.

규칙 안에 두는 것이 아니라 허용과 사랑 안에 두는 시기

가끔은 "이렇게 하면 아이가 너무 멋대로 하려 들지 않느냐"고 걱정하는 분을 만나기도 한다.

그러나 결코 그렇지 않다. 아이들은 부모의 규칙과 틀 안에서 크는 것이 아니라 부모가 허용하는 안전과 무한한 사랑 안에서 자기 주도적으로 성장하게 된다.

부모가 두려움의 대상이 되는 것이 아니라 닮고 싶고 감사하며 너무나도 사랑하는 존재가 되는 것이다.

일관성의 늪에서 빠져나와 유연함을 발휘하자. 아이를 규칙 안에 두는 것이 아니라 생각을 나누고 같이 방법을 찾고 그것을 함께 실행하는 기회를 만들어가자.

생각해보기

* '안 되는 건 안 되는 거야!'라는 단호한 규칙을 어떻게 바꿔볼 수 있을까?

  ⋯▶ **엄마의 생각을 설명하기**
  "엄마 생각에 이렇게 하는 건 안 될 것 같아. 이러이러해서 그래!"

* '한 번 허용해주면 두 번 세 번 또 그러려 들 거야!'라는 생각을 유연하게 바꿔보자.

  ⋯▶ **아이와 함께 방법을 만들어가기**
  "오늘은 영 잠이 안 와? 그럼 어떻게 하면 좋을까?"

* '저번에는 이렇게 했으니 이번에도 이렇게 해야 해!'

  ⋯▶ **자기 생각을 설명할 기회로 만들어주기**
  "왜 오늘은 그렇게 하고 싶어?"

* "그래 오늘은 그렇게 해보자~" 상황에 따라 유연하게 결정하기.

평가자 프레임

: 평가자는 평가자를 키울 뿐이다

"안 된다고 했지! 셋 셀 때까지 내려놔! 하나! 둘…!"

이렇게 말하며 단호하게 숫자를 세는 것보다 좋은 방법은 분명 있다. 아이의 행동에 대해 잘잘못을 평가하고 통제하려는 자세에서 빠르고 완전하게 빠져나와야 한다.

평가하지 않는 것, 사실 이것은 말처럼 쉬운 일은 아니다. 우리는 삶을 살아오면서 쌓은 많은 경험과 가치관을 가지고 있다. 이것들을 기준 삼아 아주 반사적이고 꽤 빠르게 어떤 현상이나 대상을 판단한다.

'딱 봐도 저 사람은 이런 성격일 것 같아~'
'무슨 말 할지 안 들어봐도 알 것 같아~'

이미 경험을 통해 많은 데이터를 가지고 있어서 딱 봐도 알 것 같은 그 사람의 성격이나 몇 마디만 들어도 알 것 같은 말을 판단하지 않기란 쉽지 않다.

더군다나 나의 인생 경험에 비하면 이제 막 세상을 살기 시작한 작은 아이를 대상으로는 더더욱 그렇다. 나는 엄마이고 아이보다 뭐든 훨씬 더 잘 알고 있다는 생각이 강하게 깔린다. 그렇다 보니 나쁜 의도가 없더라도 특별한 노력을 기울이지 않으면 엄마는 마치 가르치는 사람 또는 맞는지 맞지 않는지를 평가하는 사람처럼 되기 쉽다.

그런데 이건 마치 아이를 엄마의 틀 안에서 딱 그렇게만 키우겠다고 작정하는 것과 같다. 엄마의 생각처럼 생각하고 엄마의 기준처럼만 판단하는 아이로 만들기 쉽다. 평가자인 엄마의 눈치만 보면서 말이다.

그러나 우리가 바라는 것은 그게 아니다. 자신만의 소신과 자신감을 가지고 세상을 탐색하고 삶을 펼쳐나가도록 돕고 싶은 것이다.

속도를 의식하면 평가자의 위치로 가기 쉽다

평가자 엄마는 마치 빠르게 잘잘못을 판단하고 경기를 지속시키려는 심판 같다. '빨리' 답을 알려주고 싶어 한다.

맞는 것 틀린 것을 엄마가 판단하고 빠르게 이야기해준다. 엄마의 판단능력만 자꾸 좋아질 뿐, 아이는 판단해볼 힘을 점점 잃게 된다. 판단이 필요한 순간, 자기 생각을 키우는 것이 아니라 엄마를 쳐다보며 판단을 기다리게 되는 것이다.

주변 아이들과 우리 아이의 속도를 비교하는 엄마는 아이의 박탈되는 기회에 미처 신경 쓰지 못한다. 그러지 않기를 바란다면 영유아기인 0~7세에는 아이의 속도에 너무 불안감을 갖지 말아야 한다. **얼마나 빠른가보다 얼마나 안정적으로 영역을 넓히고 있느냐가 더 중요한 시기이다.**

아이가 어린이집을 다닐 때 일이다. 형님반으로 올라가기 전 오리엔테이션 날 한 엄마가 이런 질문을 했다.

"형님반에 가면 애들이 대부분 기저귀를 떼나요? 우리 아이는 좀 늦은 편인데 걱정돼요."

선생님이 아주 차분한 목소리로 이렇게 대답했다.

"음, 아이마다 속도가 조금 다른 데요.
상관없어요, 다들 대학교 가기 전에는 분명 뗄 겁니다."

선생님의 재치 있는 대답에 분위기가 좋아졌던 기억이 난다.

때가 되면 할 것이다. 아이가 더 많이 스스로 할 기회를 갖도록 도와주고 함께 기뻐하는 것이 필요하다.

잘못된 역할에 몰입하면 빠져나오기가 쉽지 않다

사람은 어떤 것을 시작하면 그것을 더 잘하고 싶은 욕구가 생긴다. 그러다 어느 정도 수준에 오르면 깊은 생각을 거치지 않고도 반자동으로 그 행동을 하게 된다. 엄마가 평가자의 역할을 버리지 않으면 아이에게 무엇이 맞고 틀린지 알려주는 데 점점 더 집중하게 된다.

"잘했어."
"그건 틀렸어."

이런 평가의 말들이 아이 생활 속에 가득 차 버린다. 그리고 점점 더 강하게 잘했을 때의 보상과 잘못했을 때 적절한 처벌이 무엇인지를 생각한다. 어떻게 해야 엄마 기준의 잘한 것과 못한 것을 아이가 잘 익힐지 고민하게 되는 것이다.

아이와 관계가 어려워질 때면 더더욱 강력한 평가자가 된다.

자신이 집중하던 역할을 강화하는 것이다. 역할 자체가 잘못되어 있는데 말이다.

평가자 부모는 평가자 아이를 키운다

부모가 평가자가 되면 아이는 부모의 틀 이상으로 벗어나기 힘들다. 칭찬받고자 하는 욕구에 아이는 엄마의 틀 안에서 '잘했음'을 더 많이 획득하려 노력하기 때문이다. 자유롭게 사고하며 영역을 넓힐 기회를 많이 놓치게 된다.

아쉬운 점은 그뿐이 아니다.

평가자 부모는 평가자 아이를 만든다. 새로운 정보나 상황을 만나게 되었을 때 긍정적이고 열린 사고로 생각하기보다는 '맞는지', '맞지 않는지'를 평가하는 것에 열을 올리게 된다. 왜냐하면 그것이 익숙하니까.

이것은 흡사 비판력을 갖는 것처럼 포장되기도 한다. 예리하게 잘못된 부분을 따져내는 것처럼 말이다. 하지만 평가자의 포지션을 가진 사람은 스스로 많은 기회를 놓쳐버리는 경우가 더 많다.

강의를 하다 보면 많은 스타일의 학습자를 만나게 된다. 학습자 대부분은 교육 내용을 함께 고민하며 각자의 영역에 적용하고 얻어갈 부분을 얻어간다. 비록 그 강의가 100% 다 마음에 들지는 않더라도 말이다.

그런데 간혹 어떤 학습자는 완전히 평가자의 모습으로 강의에 임한다. 한쪽에 팔짱을 끼고 앉아 예리한 표정을 지으며 무언가 잘못된 건 없는지 찾아내려 든다. 교육 내용에 틀린 부분은 없는지, 강의장 환경에 불편했던 요소는 없는지 찾아내며 마치 강의를 감시하러 온 사람처럼 날을 세우는 모습을 보인다. 분명 어딘가 불편하거나 잘못된 점이 있어서 그런 것으로 생각한다. 하지만 같은 상황, 같은 시간을 보내며 아무것도 얻지 못하는 쪽은 이쪽이다.

같은 환경에서 어떤 것에 집중하느냐는 습관이다, 배울 점은 어디에나 있다

그 순간 충분한 참여자가 되어 함께하고 새로운 배움을 만들어가며 즐거워하는 것에 익숙한 아이는 그렇게 자랄 것이다. 반대로 평가하고 잘잘못을 따지는 것에 익숙하게 자란 아이는 계속 그렇게 행동하게 될 것이다.

우리 아이들이 자라며 만나게 될 환경은 완벽하지 않다. 나와 스타일이 맞지 않는 선생님이 있을 수도 있고, 불편한 환경에 놓이게 될 수도 있다. 완벽해서 배우는 것이 아니라 어디에서든 배우는 것이다. 스스로 찾아서 학습하는 것에 익숙한 아이는 어디에서든 배우고 성장한다. 아이의 이런 태도는 바로 부모를 통해 배우고 나중에는 습관이 된다.

쉽지 않겠지만 불쑥불쑥 튀어나오려는 평가자의 자세를 인지하기만 하면 일단 성공이다. 인지한다면 내려놓을 수 있다. 무엇이 더 좋은지 확실히 알기만 하면 말이다.

평가자 프레임을 물려주지 않도록 내려놓기에 힘쓰자. 아이들이 세상을 평가하는 것이 아니라 그 안에 깊숙이 참여하며 즐겁게 자신의 것을 펼칠 수 있게 되기를 바라며 말이다.

정리하기

* 다시 한번 강조하지만 부모는 평가자가 아니라 참여자이다.

* 아이들의 성장은 얼마나 빠른가보다 얼마나 바른가가 중요하다.

* 평가자 프레임은 대물림된다. 아이가 세상을 째려보며 사는 것이 아니라 신나게 참여하고 펼쳐나갈 수 있도록 돕자.

* 배울 점은 어디나 있다. 참여자가 되면 어디서든 자기주도적 학습을 끌어낼 수 있다.

단정짓기

: 아이는 계속 성장 중이다

　아이와 비슷한 또래의 아이가 반찬으로 브로콜리를 아그작 아그작 씹어먹는 모습을 보고 적잖은 충격을 받은 적이 있다. 생각해보니 아이에게 이유식 이후로 브로콜리를 준 적이 없는 것 같다. 마치 엄청난 양의 영양소를 우리 아이만 섭취하지 못한 것처럼 미안한 마음이 들었다.

　그 이후로 며칠간 다양한 종류의 브로콜리를 줬다. 데쳐서 줘보니 예상대로 안 먹었다. 양념을 해보기도 하고 작게 썰어 볶음밥에 넣어보기도 했다. 그래도 아이는 뱉어내기만 했다.

　'에구, 우리 애는 브로콜리를 안 좋아하는구나.'

　그 이후로 다시 브로콜리를 끊었다. 다른 사람과의 식사 자리에서도 브로콜리가 나오면 먼저 이야기를 했다.

"우리 아이는 브로콜리 안 먹어요~"

여럿이 모인 식사 자리에서 퉤퉤 뱉어버릴까 봐 모두를 위해 먼저 정보를 공유하는 마음이었다.

그런데 하루는 할머니집에서 식사를 하고 돌아온 아이가 어깨에 잔뜩 힘이 들어갔다. 밥을 씩씩하게 잘 먹었다는 거다. 무슨 반찬이기에 그렇게 맛있게 먹었나, 엄마에게 물어보니 브로콜리를 아주 잘 먹었다고 하셨다.

"어머! 브로콜리 못 먹는데…"라며 놀라는 나에게 엄마는 대수롭지 않다는 듯 이야기하셨다.

"그건 그때 이야기이지. 이제는 잘 먹는단다. 아이들은 매일매일 크거든~"

아이는 하루하루가 다르게 크고 있다

맞다. 아이는 계속 성장 중이다. 좋아하는 것을 싫어하는 날도, 싫어하던 것을 즐거워하는 날도 생긴다. 이것은 음식만의 이야기가 아니다. 아이는 놀이도 학습도 생활습관도 매일매일 다르다.

별로 관심도 없어 하던 아기 때 장난감을 갑자기 어느 날 신나게 가지고 논다. 숫자를 세어보려 하면 싫어하던 아이가 어떤 날에는 이미 숫자를 다 인지하고 노래를 부르기도 한다.

아이를 가장 잘 파악하는 사람이 되기 위해서는 아이를 단정짓지 않도록 주의해야 한다. 아이는 매일 자란다. 오늘의 아이는 오늘의 취향을 가질 뿐이다.

아이가 싫어하는 음식이나 놀이, 학습이 있다면 3개월을 주기로 다시 시도하는 것이 좋다. 싫어하는 것이 확인되었는데도 지속해서 제공하며 매일매일 달라질 것을 기대하면 질리게 된다.

아이가 취향을 표현하면 존중하며 어느 정도 시간을 둔다. 그러고 일정한 기간이 지나면 한 번씩 다시 노출한다.

두 발 자전거를 처음 사줬을 때 몇 번 타더니 거들떠보지도 않았다. '안 맞구나'라고 생각해서 '시간이 더 지나기 전에 중고로 판매를 할까' 싶은 생각도 잠깐 들었지만 금방 마음을 고쳐먹었다. 자전거를 아이 눈에 띄는 곳에 꾸준히 세워두고 아무런 압박도 하지 않았다. 그런데 어떤 날 갑자기 좋아하던 킥보드를 내려놓고 자전거를 타겠다고 나선다. 몸무게가 400g 정도 늘어난 게 도움이 된 것일까, 형들이 타는 것이 부러워 보였던 것일까. 아이는 그날부터 한동안 자전거만 탔다. 그렇다고 이번엔 킥보드를 팔아버리려 들면 안 된다.

아이는 매일 변하며 성장한다. 단정짓지 말고 바라보며 다양한 것들을 천천히 시도하자. 그러면서 스스로 영역을 넓혀가는 아이를 칭찬해주면 된다.

정리하기

* 오늘 못하는 것, 오늘 싫어하는 것을 아이의 성향이나 취향으로 단정짓지 말자.

* 아이는 여러 가지 요소에 스스로 자극을 받으며 매일 다르게 성장한다.

* 싫어하는 음식이나 놀이, 학습이 있다면 3개월 주기로 다시 시도하는 것이 좋다.

* 천천히 스스로 영역을 넓혀가는 아이를 칭찬해주는 것이 우리의 몫이다.

* "넌 항상 그렇더라"라는 표현 대신 "아~ 오늘은 그렇구나"라고 표현하자.

대부분의 아이는 잘 큰다

: 감사하고 또 감사하는 것이 가장 좋은 방법이다

가끔 친구들과 오래전 이야기를 나눌 때가 있다. 그럴 때면 그간 전혀 몰랐던 큼지막한 사건들이 툭툭 튀어나오기도 한다. 집안에 있었던 어려운 일들이나 아무에게도 말할 수 없었던 상처들, 가족 간에 힘들었던 관계나 심지어는 현재에도 이어지고 있는 어려움까지, 들어보면 다들 평탄하지만은 않구나 하는 생각이 든다. 그래도 다들 참 잘 컸다고 웃으며 서로를 위로하고 그러면서 더욱 돈독해진다.

진짜 그렇다. 대부분의 아이는 잘 큰다.

모든 부모가 항상 좋은 육아를 하는 것은 아니다. 실수도 하고 부족하기도 하며 가끔은 하지 않았다면 좋았을 일을 만들기도 한다. 그런 중에 자녀가 상처를 받는 순간도 있고, 그것에 영향을 받아 모나게 자라는 부분이 생길 수도 있다.

그러나 그렇게 생긴 모난 부분을 다듬어가는 것은 자녀 자신의 몫이다. 아이들은 부모에게 보호받던 시절보다 훨씬 더 긴 시간을 자신의 주도로 살게 된다. 스스로 노력하며 더 나은 자신으로 이끌어가는 것이다.

상처받아 구겨진 부분이 있다면 자신의 마음을 펴기 위해 힘쓰기도 하고, 아쉽게 부모에게 공급받지 못한 부분이 있다면 나중에라도 시작해서 힘껏 달려보기도 한다.

반대의 경우도 많다. 많은 사랑을 받았지만 희한하게 상처투성이 어른이 되는 아이들도 있다. 수많은 좋은 것을 제공받았지만 나누는 것은 모르는 어른으로 사는 모습도 많이 본다.

투입과 산출 사이에 절대 법칙 같은 건 존재하지 않는다. 어디까지나 개인이라는 인격체를 투과하며 결과는 다양하게 발현되기 때문이다. 우리가 부모로서 좋은 육아를 위해 최선을 다해야 하지만 너무 긴장하거나 작은 일을 크게 후회하며 스스로를 몰아붙일 필요는 없다.

아이에게 한바탕 소리를 지르고 화를 낸 자신이 원망스러워 며칠을 눈물 흘리며 후회하는 엄마를 보기도 한다. 어떤 분은 가정 형편이 급격히 어려워져 꼭 보냈어야 하는 기관을 못 보냈다고,

다시는 돌아오지 않을 시기를 놓쳤다며 후회하는 모습을 보기도 한다.

해주고 싶은 것이 많은데 늘 더 해주지 못해 미안한 마음은 부모의 사랑의 크기를 보여주는 마음이지, 부모를 죄책감에 빠뜨리기 위해 생기는 마음이 아니다.

열심이 만들어낸 긴장 혹은 욕심을 내려놓는 것이 필요하다. 그냥 오늘도 여전히 잘 커준 아이와 감사를 나누면 그것으로 충분하다.

감사로 키운 아이는 힘이 있다

여유로운 날은 여유로워 감사하고, 고된 하루를 보낸 날은 그래도 열심히 하루를 보낸 것이 감사하다.

하루 종일 말을 안 듣는다고 인상만 쓴 것 같은데 어느새 웃으며 장난을 쳐오는 아이가 감사하고, 온몸이 쑤시지만 등을 대고 누운 잠시 순간이 감사하다.

삶에 다양한 순간을 감사함으로 풀어내는 엄마의 모습이 아이에게는 강력한 힘이 된다. 우리가 감사하는 삶을 살며 아이를 성인의 문턱까지 데려가면 아이는 그 힘으로 자신의 삶을 건강하게 이어가게 된다.

육아를 하며 가보지 않은 길을 놓친 길로 생각하고 아쉬워할 필요는 없다. 가보지 않은 길은 말 그대로 가보지 않은, 알 수 없는 길이다. 그 길로 갔어야 내 아이가 더 잘 되었을 것으로 생각하는 것은 아이에게 후회를 물려줄 뿐이다. 그 길로 간 아이들이 다 즐거워 보인다 해도 내 아이도 그러리라는 법은 없다. 아무도 모르는 일이다. 아무도 모르는 일에 신경 쓰기보다는 눈에 보이는 지금의 환경에서 감사하는 습관을 함께 나누는 편이 훨씬 훌륭하다.

감사를 배운 아이는 자신의 삶을 불평으로 낭비하지 않게 된다.

아이와의 대화중에 "우리 오늘 참 재미있었다", "이렇게 할 수 있어서 너무 다행이다", "함께 놀아서 행복하다" 등의 표현을 자주 하자. 잠들기 전 침대에 누워 하루의 좋았던 일을 도란도란 말하는 것도 큰 도움이 된다.

정리하기

* 아이는 부모의 보호 아래에서보다 훨씬 더 긴 시간을 스스로 주도하며 살아간다.

* 육아에 부족한 부분이 있을 수 있지만 후회가 아닌 감사를 배운 아이는 스스로 헤쳐나갈 힘을 갖는다.

* 안 가본 길은 안 가본 길일 뿐, 아쉬운 길이 아니다. 후회를 물려주지 말자.

Chapter 6

FUN
가장 중요한 것은 마지막에 등장한다

감탄육아의 5가지 핵심요소, 이제 그 마지막 요소 앞에 서 있다.

신념, 넓게보기, 기술, 내려놓기 그리고 FUN

모든 것이 구체적으로 다 기억나진 않아도

엄마의 마음속에 차곡차곡 정리되어가길 바라며 FUN이라는

마지막 요소를 꺼낸다.

FUN이 아이에게 미치는 영향

: 두뇌, 신체, 정서발달 그 중심에 FUN이 있다

우리 뇌는 FUN에 가장 잘 반응한다. 지금 느껴지는 자극 중 가장 흥미로운 것을 향해 움직이는 것이다. 성인이 되면 일의 우선순위를 이성적으로 판단하여 조절할 수 있지만, 아이들은 주로 그때그때 느껴지는 가장 재미있는 일을 향해간다. 재미있는 것을 더욱더 궁금해하고, 그것에 몰입한다. 시간이 가는 줄도 모르고 빠져들며, 이를 통해 학습을 일으킨다.

따라서 아이들이 비교적 흥미가 떨어지는 일을 흔쾌히 하도록 하기 위해서는 그 안에 재미있는 요소를 넣어주는 것이 필요하다.

FUN을 느끼게 하는 것은 여러 가지가 있다.

즐거움, 흥미, 호기심, 재미 등은 물론이고 직접 만지고 느껴보는 경험, 공감의 감정, 참여를 통한 소속감 등에서도 FUN을 느낄 수 있다. 또한 강력한 동기부여나 목표의식, 열망을 갖는 것과 인정받고 칭찬받는 일 등에서도 FUN은 일어난다.

FUN을 느끼며 신나는 일과를 보낸 아이의 뇌 속에서는 여러 가지 정보를 연결하고 융합하는 시냅스의 강한 결합이 일어나고 이는 아이의 학습능력 향상으로 연결된다. 그래서 즐기는 사람을 이길 수 없다는 말은 사실이다.

또 FUN은 두뇌뿐 아니라 신체도 함께 발달시킨다. 미국에서 진행된 한 실험에서는 FUN을 많이 느낄 수 있는 환경에서 지낸 쥐들의 평균 수명이 30%나 증가하는 결과를 보이기도 했다.

FUN이 채워지면 두뇌도 몸도 마음도 건강하게 자라게 된다.

우리는 아이가 삶을 즐거움으로 채우며 세상을 배울 수 있도록 도와야 한다. 놀이 시간을 늘리고 신나는 이벤트를 만들거나 새로운 장난감을 제공하는 것도 좋지만, 더 중요한 것은 관계와 상호작용을 바탕으로 아이가 생활 곳곳에서 다양한 종류의 FUN을 느낄 수 있도록 하는 것이다.

앞에서 다룬 여러 육아의 기술들은 육아를 부드럽고 쉽게 이끌어가면서도 함께 FUN을 느낄 수 있도록 하는 것에 초점이 맞춰져 있다.

혼내기보다는 함께 방법을 찾아가기, 다양한 순간에 감탄사를 사용하기, 일상에서 일어나는 일에 아이를 참여시키기, 여러 질문 기법을 통해 아이의 사고를 촉진하기 등은 아이의 삶이 FUN으로 채워지는 데에 큰 역할을 할 것이다.

또 다양한 신체활동도 우리 뇌가 FUN을 느끼도록 만든다. 아이들을 보면 가끔 아무 이유 없이 이쪽 끝에서 저쪽 끝까지 뛰며 즐거워하곤 한다. 신체를 자유롭게 사용하고 활성화하면서 FUN을 느끼는 것이다. 신체와 신경은 연결되어 있어서 신체활동을 하며 에너지를 올리고 몸을 활성화하면 뇌도 즐거움을 느끼며 함께 활성화된다. 그래서 아이들이 다양한 신체활동의 기회를 갖도록 하는 것은 참 중요하다. 여기에 아이가 좋아하는 대상인 엄마 아빠가 함께 달리거나 온몸으로 함께 놀아준다면 그 즐거움은 배가 될 것이다.

FUN을 다양하고 충분하게 경험하며 자란 아이는 커가면서 만나기 마련인, 어쩌면 조금 지루하거나 힘든 일 앞에서도 FUN의 요소를 찾아내는 힘을 갖게 된다. **자신에게 도움이 되는 부분이나, 이 일을 잘 견뎌냄으로써 얻게 될 좋은 점 등에 초점을 맞추며 주도적으로 즐거운 삶을 이어가게 되는 것이다.** 어린 시절, 아이의 삶 속에 가득가득 FUN을 넣어주어야 하는 진짜 이유는 바로 여기에도 있다.

행복한 아이로 자란다는 것은 아이가 삶 속에서 얼마나 자주 FUN을 찾아내고 느끼느냐에 달려있다.

생각해보기

* 오늘 우리 아이는 얼마나 많이 웃었나?

* 오늘 우리 아이는 얼마나 많이 궁금해하고 활발하게 움직였나?

가장 큰 FUN, 사랑

: 부모의 확실한 사랑이 모든 성장의 바탕이 된다

아이가 FUN을 느끼기 위해서는 부모의 사랑을 확실하게 인지하는 애착관계가 바탕이 되어야 한다.

불안한 아이가 즐거움을 느끼기는 어렵다. 부모가 충분히 아이와 상호작용하지 않거나, 말수가 너무 적거나, 표정이 무뚝뚝한 경우 또는 아이의 행동에 냉담한 반응을 보이는 경우, 아이는 불안함을 느낀다. 부모의 애정을 갈구하느라 다른 영역으로 시선을 넓히며 학습하고 성장할 여유가 없다.

미국의 심리학자인 해리할로우 박사는 원숭이 애착 실험을 통해 다음과 같은 사실을 발견했다. 엄마의 손길이 차단된 원숭이들은 모두 무기력하고 불안한 모습을 보였다. 심하게 방어적이거나 공격적 성향을 나타내기도 했다.

엄마의 사랑을 한동안 받지 못한 원숭이들에게 두 개의 방을 열어놓고 선택해서 지낼 수 있도록 했다.

첫 번째 방에는 따듯한 우유와 철사로 만든 엄마 인형을 넣었다.

두 번째 방에는 따듯한 헝겊으로 만든 엄마 인형을 넣었다. 먹을 것은 아무것도 없었다.

둘 중 하나를 선택할 수 있는 새끼 원숭이들은 모두 따듯한 헝겊 엄마 원숭이가 있는 방으로 들어가 매달리고 몸을 비볐다. 아무것도 먹지 못하면서도 말이다.

아이는 부모의 따듯한 사랑에 대한 확신과 지속적 공급이 없을 때에는 정상적인 성장과 발달이 일어나기 어렵다. 부모의 사랑에 대한 확신 없이 FUN을 논하며 신나게 삶을 탐색하고 학습하는 것은 상상도 할 수 없는 일이다. 부모와의 확실한 애착 형성을 가장 우선시해야 하는 이유이다.

부모가 아이에게 제공할 수 있는 가장 큰 FUN은 사랑에서 나온다. 아이는 사랑받는 일이 가장 즐겁고 재미있다. 무표정한 엄마가 밥만 잘 챙겨준다고 해서 애착이 생기는 것은 아니다.

표현으로, 반응으로, 스킨십으로, 엄마는 다양한 사랑을 표현하며 FUN한 환경을 만들어주어야 한다.

생각해보기

* 오늘 나는 아이에게 충분히 사랑을 표현했나?

* 많이 웃고 즐겁게 대화하고 따듯하게 안으며 아이와 시간을 보냈나?

* 매일매일 충분한 사랑을 아이에게 표현으로 전하자. 사랑 표현만큼은 아낄 필요가 없다.

- 아이를 꿀이 뚝뚝 떨어지는 눈으로 바라보기
- 꼭 끌어안으며 너무 사랑한다고 말하기
- 아이와 어떤 것을 조율할 땐 눈높이를 맞추며 부드러운 표정짓기
- 아이와 놀 때 진짜 신나하며 시간을 보내기
- "네가 너무 좋아~", "넌 정말 귀여워!", "엄마는 널 너무 사랑하는 것 같아~", "당연히 엄마가 지켜주지!" 등의 애정 표현을 언어로 많이 전달하기
- 하루를 정리하며 같이 누워 함께 보낸 하루가 행복했음을 말해주기

웃긴 엄마, 웃게 하는 엄마

: 나는 아이를 얼마나 많이 웃게 만들 수 있는가?

0~7세, 이 시기에 가장 많은 영향력을 직접 줄 수 있는 사람이 엄마인 것은 참으로 축복이다. 엄마가 아이를 울리면 울고, 웃기면 웃는다. 엄마가 아이를 완전히 이끌 수 있는 시기이다. 아이에게 어떤 시간을 더 많이 쌓아줄지는 온전히 엄마의 몫이다.

참 다행인 것은 태어나서 1년간은 엄마가 눈만 크게 떴다가 꽉 감아도 아이가 배시시 웃는다는 것이다. 엄마가 입으로 또로록거리며 신기한 소리를 내면 아이는 깔깔 웃는다. 특별히 아이를 웃기기 위한 기술이나 굉장한 개그 실력을 갖춰야 하는 것이 아니니 정말 다행이다.

아이와 표정놀이를 하고 다양한 소리를 내며 함께 깔깔거리는 시간을 통해 아이는 엄청난 정서적 안정을 얻는다. 이 시기 아이에게 엄마는 온 세상이다. 아이는 엄마와의 즐거운 교감을 통해 세상을 긍정적으로 바라보며 탐색의 용기를 만들어낸다.

첫 1년, 웃는 시간은 아이와 엄마 모두에게 필요하다

사실 아이와 첫 1년이 아름답기만 한 시간은 아니다. 엄마는 출산 후 몸이 아직 회복되지 않았고, 아이와의 새로운 삶에 충분히 적응되지도 않았다. 몰려오는 피로와의 싸움은 보통이 아니다. 아이와 깔깔거리며 행복한 시간을 보냈다는 엄마보다는 아이를 안고 엉엉 울어봤다는 엄마를 더 많이 만났다.

첫 1년은 '자연스럽게'가 아니라도 의지로 아이를 웃게 하는 시간을 만들어야 한다. 마치 하루에 채워야 하는 분량을 쌓는 것처럼 아이와 웃으며 교감하는 시간을 갖는 것이다. 세상을 탐색하는 아이에게 엄마가 만들어주는 웃을 수 있는 시간은 정서적 안정에 바탕이 된다.

그리고 이 시간은 엄마에게도 큰 힘이 된다. 별것도 아닌 행동에 아이와 함께 웃다 보면 세상을 다 가진 것 같은 행복이 느껴지기도 한다.

아이와 엄마 모두에게 같은 감정의 교류가 일어나는 것이다. 아이를 웃게 하기 위해 노력하고, 그 시간 동안 함께 웃으며 아이의 세상도 엄마의 세상도 행복함을 충전하는 것이다.

웃음을 통해 사랑에 빠진다

1년만 크고 나면 이젠 아이가 다양한 방법으로 엄마를 웃게 한다. 너무 귀여운 것은 물론이고 황당한 행동으로도 엄마를 웃긴다.

그런데 아이의 활동 반경이 넓어지면서 엄마의 역할이 관리자로 바뀌는 일이 일어난다. 아이를 쫓아다니며 아이가 다치지 않도록 잘 '지켜보고' '관리'하는 것에 몰두하다 보니 생기는 일이다. 그러나 우리는 계속해서 아이를 웃게 만드는 엄마여야 한다.

우리가 어떤 사람을 만났는데 자꾸 웃게 된다면 어떤 생각이 들까? 아마도 우리는 사랑에 빠졌다고 느낄 것이다. 맞다. 아이를 웃게 만드는 것은 사랑에 빠지게 하는 것이다.

확실하고 강력한 애착은 함께 웃으며 교감하는 시간을 통해 만들어진다.

함께 놀 때 아이를 웃게 하는 시간이 만들어진다

아이가 기기 시작했을 때, 유난히도 기는 속도가 빨랐다. 마치

군인이 훈련을 받듯이 바닥에 안정적인 자세로 딱 엎드려 빠른 속도로 전진했다. 이 모습은 온 가족에게 즐거움이었다. 볼 때마다 신기했고 모두를 웃게 했다.

어느 날 할아버지가 아이 옆에 엎드렸다. "다다다다다~~ 어떻게 이렇게 빠른 거냐~" 하며 아이와 같은 자세로 함께 바닥을 기었다. 함께 바닥을 기는 할아버지를 보며 아이는 신나게 소리 내어 웃었다. 깔깔거리며 더 신나게 더 빠르게 기었다.

아이를 웃게 하는 데에는 놀이 속으로 뛰어들어 함께 노는 것이 최고다. 아이의 놀이를 지켜보는 것이 아니라 아이의 행동을 함께하며 그 속에서 같이 뒹굴고 노는 것이다.

자신과 같은 행동을 하는 엄마의 모습이나 놀이 중 엄마가 만들어 내는 재미있는 꾸밈음들, 엄마의 다양한 표정이나 과장된 리액션에 아이는 웃음을 보인다.

아이가 간식을 입에 하나 집어넣을 때마다 "오~" 하며 웃긴 표정으로 리액션을 하는 어떤 오후 시간을 상상해보자. 아이는 깔깔 웃으면서 다음 간식을 또 입에 넣는다.

웃긴 엄마, 아이를 웃게 하는 엄마와의 시간은 사랑이 쌓이는 시간이다. 눈에 꿀이 뚝뚝 떨어지는 모습으로 서로를 바라보며 웃을 수 있는 시간이다.

정리하기

* 엄마가 아이를 울리면 울고, 웃기면 웃는다. 어떤 시간을 더 많이 만들어 줄지는 엄마의 몫이다.

* 아이와 함께 웃는 시간은 엄마에게도 큰 힐링이 된다. 아이와 같은 감정을 교류하며 행복을 충전하게 된다.

* 아이는 웃긴 엄마를 더더욱 사랑하게 된다. 사랑하는 사람의 말은 더욱더 잘 듣게 된다. 그래서 웃긴 엄마의 육아는 점점 쉬워지는 것이다.

놓치지 말아야 할 절호의 기회

: 가족만이 누릴 수 있는 함께 잠들고 깨는 시간을 놓치지 말자

아이를 키우다 보면 부모만이 알 수 있는 아이의 귀여운 모습이 너무나 많다. 아이가 가장 익숙하고 편하게 생각하는 존재가 부모이고 안정감을 느끼는 공간이 집이다 보니 집에서 엄마아빠에게만 보여주는 모습이 많은 것이다.

집에서 신나게 노래를 부르는 모습이 귀여워서 사람들을 만났을 때 한번 해보기를 권하면 몸을 배배 꼬기만 해서 아쉬운 일도 있다.

가족이기 때문에 우리끼리만 알 수 있는 숨은 보석 같은 시간이 분명 존재한다. 그중 하나가 바로 잠들고 깨는 시간이다.

아이에게 수면 패턴을 만들어주며 좋은 수면 습관을 갖도록 하는 것은 중요하다. 아이도 쉽게 잠들고 엄마도 쉬워지는 방법이

다. 그러나 그 시간을 너무 '잠드는 일'에만 사용하기에는 아깝다.

온몸으로 사랑을 표현할 수 있는 절호의 찬스, 잠자는 시간

아이가 씻고 나오면 이미 온 집안은 잠자는 분위기로 바뀌어 있어야 한다. 〈아이는 분위기에 반응한다〉 챕터에서 공유한 것과 같이 열 마디 말보다 잘 조성된 분위기가 아이의 행동을 이끈다.

부모 중 한 명은 먼저 침대에 들어가 아이가 오기를 기다리며 숨어있어도 좋다. 잘 시간에 FUN이 들어가면 아이를 잠자리로 자연스럽게 이끌 수 있다.

목욕을 마치고 침대로 뛰어온 아이가 희미한 불 속에서 숨은 엄마를 찾으면, 이때가 아이를 안고 온몸으로 사랑을 표현할 수 있는 절호의 기회이다.

아이를 안고(촉각), 사랑한다고 말해주고(청각), 가슴속에 품으며 아주 가까이에서 얼굴을 마주하기도 하고(시각), 손가락 끝으로 아이의 말랑한 배 위에서 피아노를 치기도 하며(감각) 아이와 온 감각을 사용한 특별한 시간을 보낼 수 있다.

아이의 몸에 구석구석 로션을 발라주며 장난을 치기도 하고, 잠옷을 이리저리 뺏으며 깔깔거리기도 한다. 이 시간을 통해 아이는 하루의 마무리 순간까지 Fun으로 채운다. 그 안에는 가족만이 주고받을 수 있는 사랑의 표현들이 가득 들어있다.

그렇게 한참 몸으로 장난을 치고 나면 함께 누워 책 한 권을 나눠 읽거나 그날 있었던 일을 주고받는다. 따뜻한 목소리를 마음껏 사용하며 하루의 순간들 속에서 아이가 얼마나 사랑스럽게 보였는지 표현한다. 어떤 것을 잘했고, 어떤 순간 고마웠는지, 어떤 일이 재미있었는지 엄마의 생각을 나누고 아이의 마음을 들으며 하루를 마무리한다.

내일 있을 일을 공유하기에도 좋은 타이밍이다. 내일은 누구와 만나 무엇을 하게 될 예정인지 이야기를 하며 정말 재미있겠다고 기대를 넣어준다.

아이를 통제하려 들지 않고 대화가 통하는 아이로 키우면 잠자기와 같이 쉽지 않은 일도 대화로 가능해진다.

"늦었어! 이제 자는 거야! 그만 말하고 빨리 자자!"라고 하고 아무도 말을 안 하면 자는 시간이 5분이나 10분쯤 빨라질지도 모르겠다. 하지만 자기 전 따뜻한 목소리를 마음껏 사용하여 하루를 정리하고 사랑을 표현할 기회를 놓치지 말라고 하고 싶다. 어쩌면 이 시간은 아이가 초등학교 3, 4학년만 되어도 갖기 힘든 시간일지도 모른다. 충분히 하루의 끝까지 사랑을 채워주고 함께 잠들기를 추천한다.

아침은 바쁘지만, 시작도 사랑으로 할 수 있게

아이가 잠에서 깨는 시간도 가족만이 공유할 수 있는 사랑스러운 시간이다. 헝클어진 머리에 잘 안 떠지는 눈을 겨우 뜨고는 두 손을 벌려 엄마를 찾는다. 아침은 바쁜 시간이지만, 그런 중에도 아이의 하루를 사랑으로 열어줄 잠깐의 시간을 계산에 분명하게 넣어두어야 한다.

"이리와~ 잠깐 안고 있자! 아침부터 너무 이쁜 우리 아가, 잘 잤어? 오늘도 너무너무 사랑해! 엄마는 일어나서 씻고 아침 챙기고 있었어~ 우리 있다가 같이 먹을까? 잠이 아직 안 깨지? 잠깐 더 꼭 안아줄게, 천천히 해도 돼~"

어떤 형태든 하루의 시작에서 사랑을 느낄 수 있도록 하자. 충분한 사랑 속에 있다는 안정감이 FUN의 불을 켜준다. 하루를 신나게 시작하고 새로운 날을 새로운 즐거움으로 받아들이기 위해서는 오늘도 여전히 엄마의 충분한 사랑이 자신에게 있음을 알려주는 것이다.

'당연히 사랑하지'라고 [생각]하는 것이 아니라
"오늘도 사랑한다!"라고 [표현]하는 것이 중요하다.

정리하기

* 사랑은 당연히 하는 것이 아니라 표현으로 하는 것이다.

* 따듯한 목소리로 아이가 얼마나 소중하고 사랑스러운지 자주 표현하자.

* 바쁜 아침 시간이지만 하루를 사랑으로 시작할 수 있도록 표현하는 시간을 꼭 계산하자.

정말 가장 중요해서
정말 맨 마지막에 온 것

: 이 기술들을 나의 것으로 만드는 방법

사실 감탄육아의 기술들은 쉽지는 않다. 단번에 되지도 않는다. 특별할 것도 없어 보이지만, 마인드와 관점을 바꾸고 그에 따라 행동하고 표현하는 것이 간단한 일은 아니다. 하나하나 신경쓰고 노력해야 한다.

물 흐르듯 흘러가는 것 같은 시간 속에는 하나하나 고려하고 신경쓰는 엄마의 노력이 숨어있다. 감탄육아는 넓게 보고 세세하게 신경쓰며 단단한 신념 안에서 크고 작은 기술들을 발휘하는 것이다. 이런 노력을 쌓고 또 쌓으며 관계 속에서 이 노력들이 빛을 발할 때까지 기다리기도 해야 한다.

그래서 중간에 포기하는 사람도 많이 만난다.

결국 어떤 순간에는 원래 하던 대로, 편한 방법을 훅 사용해버린다. 시간이 없어서, 어떤 건 너무 답답해서, 어떤 날은 너무 피곤해서, 나와는 잘 안 맞는 것 같아서 등의 여러 가지 이유로 포기하기도 한다. 너무 많은 것을 욕심내다가 휘리릭 지쳐 버리는 모습도 본다.

아이의 삶 속에서 참여자로 자리하며 아이를 이끈다는 것은 사랑하는 자녀의 잠재력을 키워주며 힘 있는 아이로 자라날 수 있게 하는 너무 훌륭한 일이지만, 그렇다고 익숙하지 않은 방법이 육아에서 혼란을 만들고 엄마를 더 힘들게 해서는 안 된다.

엄마에게도 계단이 필요하다

감탄육아를 성공적으로 이루어내는 사람들을 보면 비법은 한 가지이다. 동시에 여러 가지를 욕심내지 않고 천천히 충분한 시간을 들여 하나씩 자신의 것으로 만드는 것이다.

이 책의 차례를 다시 한번 살펴보며 내가 가장 잘할 수 있을 것 같은 항목 하나를 고르자. 가장 잘하고 싶은 것보다는 잘할 수 있을 것 같은 항목 말이다. 쉬워 보이거나 나의 방식과 비슷하다고 생각하는 항목을 선택해 차곡차곡 노력을 쌓는 것이다.

오래 걸리더라도 욕심내지 말고 촘촘히 그 한 가지가 나의 생활에 제법 붙어있도록 만드는 것이다.

지원군을 만드는 것도 좋다

육아에서 엄마가 하는 노력은 그 크기가 어마어마함에도 티가 잘 안 나고, 알아주는 이도 너무 적다. 특히나 엄마가 새로운 시도를 다짐하고 실천해갈 때에는 응원하고 격려하며 함께 노력하는 지원군이 필요한데도 말이다. 그래서 어떤 시도를 하고 있는지, 어떻게 함께 참여하면 좋겠는지를 배우자와 공유하며 한팀이 되는 것이 꼭 필요하다.

주변에 육아 동지가 있다면 같이 하거나 이것저것 일어나는 일들을 공유하는 것도 좋다. 웃으며 에피소드를 나누는 것만으로도 도전을 이어갈 힘이 생긴다.

너무 답답한 순간이 생긴다면 육아 동지들에게 이메일 등을 통해 SOS를 보내도 좋다. 마음이 가득 담긴 메일을 받으면 어떻게든 조금이라도 도움이 될 방법을 찾게 되고 그러면서 함께 고민을 이어가게 된다.

함께하면 힘이 생긴다.

스스로를 칭찬하는 시간도 필요하다

아무도 알아주지 않는 시간 앞에 무너지지 않도록 하루를 돌아보며 나의 작은 시도 안에 사랑의 마음이 있음을 느껴보자. 시도도 실수도, 성공도 실패도 그 마음 안에 아이를 향한 사랑이 있음을 찾아낸다면 다음으로 이어가는 힘이 생긴다.

그 안에 나의 성장도 있었다는 것을 인정하자.

꿀맛 같은 육아를 한 하루 안에도, 마음 같지 않은 육아를 한 하루 안에도 엄마로서의 노력과 시도가 있었다. 단번에 되지 않았더라도 아이를 위해 노력하는 우리의 모습은 우리를 성장으로 향하게 한다.

언젠가는 아이가 자신의 삶을 건강하고 즐겁게 이끌어가길 바라는 것처럼, 우리도 우리의 매일을 스스로 건강하고 즐겁게 끌어내야 한다.

이것이 결국은 삶을 통한 모델링으로 아이에게 전달될 것이다. 그렇게 아이와 함께 오늘의 우리도 성장하는 것이다.

이제,

당신이 가장 먼저 실천해 보고 싶은

그 첫 번째 항목을 정해보면 좋겠다.

감탄육아 시작하기!

나의 첫 번째 시도

아이와 엄마가 함께 행복해지는
감탄육아

2021년 3월 5일 1쇄 발행
2023년 4월 25일 5쇄 발행

지은이 | 이유정
펴낸이 | 이병일
펴낸곳 | **더메이커**
전　화 | 031-973-8302
팩　스 | 0504-178-8302
이메일 | tmakerpub@hanmail.net
등　록 | 제 2015-000148호(2015년 7월 15일)

ISBN | 979-11-87809-48-7　13590
ⓒ 이유정

이 책은 저작권법에 따라 보호받는 저작물이므로 무단전재와 무단복제를 금지하며
이 책 내용의 전부 또는 일부를 이용하려면 반드시 저작권자와 더메이커의 서면 동의를 받아야 합니다.
잘못된 책은 구입한 곳에서 바꾸어 드립니다.